800 公里的漫漫思辨

追尋自我_朝聖手札

林翰——著

Content
目錄

他序 8

自序 12

遠行試煉——聖地雅各的召喚

聖雅各 23

啟程 27

庇里牛斯山 31

潘普羅納 36

上路了 40

背包的重量 46

探索真理——倏忽即逝的渺小

用語言思考 51

洛格羅尼奧的晚禱 55

修行的印記 62

相遇 66

慢漫想 70

背影 74

時間淬鍊 — 自我迷失的找尋

83 信仰
90 新世界
94 無力的創作
96 無所適從
102 社會
108 瓦爾登湖
115 自己

繁星匯集 — 刻下生命的雋永

123 身在其中
129 朝聖之路
134 選擇
138 與自己的約定
145 聖地雅各
152 耄耋對話
158 後記

他序

旅行的另一個方向，是往內心走。

初認識 LIN 的時候，是一起去登山。印象中他是沉默且貼心的大男孩，那晚因為山上飄著細雨，整個失溫的我縮在一旁，他貼心遞上一杯熱茶。而過了一年，從每次的對談到看了他的文字之後，才漸漸更認識 LIN，躲在那些寂靜語言背後的，是一顆包圍著強大暖意的內心。

我們時常討論著哲學、生存意義與在整個社會結構上如何生活，而如此感性的我，卻常常被自稱『理性』的他給問到想離線。這些他的日常，這些不斷得在腦袋裡打架的每個思考，或許這才能讓他完成了朝聖之路跟這本值得一翻再翻的旅人日誌。啊，或許不是日誌，而是他帶給這塵世的的溫暖心靈之淨。

曾經也希望過能親自去一趟聖雅各，但想了想或許我可能在上飛機那一刻就會退縮，對於太多未知與陌生，語言的隔閡、日常的所需、心靈的匱乏等等都會是我預想中的問題，而這些無形的恐懼大大的變成我日後生活中不敢前行的最大勝利者，總有太多藉口讓自己安於現狀。藉由這次的閱讀，完全看透自己的懦弱與LIN的堅韌，就像他說的：「孤獨是所有進程的基本條件與必要歷程。」也或許現在的人類，太不習慣與孤獨共處了。而這次跟著他書裡的一字一句，經歷了這趟旅程，體驗了身體上給予的苦痛，更是不斷得想從每一篇章找到可以跟LIN對話的可能性。最喜歡他在書裡所探討的信仰問題，並不是每個走上這條路上的都是虔誠的信徒，但都是藉著雙腳慢慢領悟整個生命的存在跟宇宙的運轉。

有人說旅行的意義是為了回家，無論流浪到那裡最終都有家，無論過程如此顛頗也最終能回岸，而旅行的另一個方向，或許除了找回歸屬，也同時是往內心裡去。而我想，他的旅程或許結束了，但找尋自我的不朽遠行依舊持續在路上。

走在什剎海的冰面上Z

他序

壯遊後的清澈透明

我和林翰的相識可以從當兵的時候說起，我們年紀一樣，他是比我早幾梯入伍的學長。個子高高的陽光男孩是我對他的第一印象，臉上常常掛著真摯的燦笑，嘴上常常說著嚮往的流浪；眼神裡透露著對世界萬物的好奇，談吐間流露出對自我及真理的執著。

記得服役的日子裡，他跟我提過幾次流浪（我更覺得是一種壯遊）的想法，當時我不太知道什麼是「朝聖之路」只知道對他來說是一件一定要完成的尋找自我之旅，然後期待哪天他走回來跟我分享他的感觸和故事。退伍後，我進入社會成為一名文字編輯，他離開台灣前往他的旅程。

雖然通訊軟體和網路已經非常發達，就算在國外的小鄉鎮也可以有收訊隨時聯繫或是分享他的旅途，但或許是一種我們的默契吧，我們之間並沒有太多聯絡，不想打擾對方追尋自我的步伐，中間他也只跟我提過幾次他想寫書的想法。每天泡在文字與書本中身為編輯的我，或許是職業病犯了，開始跟他解釋書籍製作的過程、成本、文字、市場策略等「現實」面的資訊。但後來我發現，這些對他來說都不是最重要的，他只想把他的所見所聞記錄下來，把他的發現經過反思和沈澱之後分享給讀者，也當作是一場壯遊後的完美結尾。他更在意的是「思想」是否可以藉由文字充分傳達，是否可以讓更多像他一樣試圖尋找自我和世界真相的人更了解他在這 800 公里的路途中，找到了什麼。

出書前夕，很高興有機會閱讀《800 公里的漫漫思辨》手稿。字裡行間沒有曲折離奇的情節，沒有活潑生動的故事，卻真實地道出他是怎麼從每一個步伐中，找到曾經迷失在這世界上的自己，怎麼在朝聖的路上，解開被束縛在這社會裡的思想。閱讀這本書給我的感覺，就像跟著林翰一起完成了這趟思辨之旅，我們也變得清澈、透明。

Xinhan

自序

遙想幾百年前人們的生活，撇除戰事與貿易的奔走，幾乎不太有可能離開自己的家鄉，一輩子或許都在一個小鎮、同一個城市度過。但是宗教信仰卻帶來不一樣的改變，或許「朝聖」本身的概念，就是旅行最早的具體雛型之一。梵諦岡之於基督宗教、麥加之於伊斯蘭教、拉薩與岡仁波齊之於藏傳佛教，這些對虔誠的教徒們來說都是一生必須去一次的信仰聖地。教徒們虔誠遵循教條禮規度日，對上帝的景仰與虔敬不斷驅使他們在有限的生命中踏上前往聖地之路。這像是上帝想藉由這份虔誠，驅動教徒們朝聖（旅行）。因為上帝知道唯有旅行（朝聖），才能讓人走向更真實的自我、感受更完整的生命。

生命中出現的每一件事，都像大大小小的種子不斷地播在自己心裡。有些種子隨著時間、隨著自身的經歷慢慢萌芽茁壯，甚至結果；而有些種子或許就一直靜靜等待著任何可能萌芽的契機。

大概在我二十歲的時候無意間看到一部國家地理頻道拍攝的紀錄影集，主題就是西班牙朝聖之路，在那個當下我便告訴自己如果有機會我也想到這走走。這就像顆小小的種子，播在心裡，我沒有特別留意它，但往後的人生經歷與因緣，彷彿像滋潤的水份與充足的日照催生著它發芽。

到了之後看了兩部電影：《朝聖之路》(*The way 2010*)、《我出去一下》(*Ich bin dann mal weg 2015*) 後，更加篤定有天我要踏上這條路！

於最開始，我只是被徒步旅行的熱血深深吸引，自己也想完成這樣子的壯舉。到了後來，我覺得也許可以在這條漫漫長路上好好思考或沉澱些事、好好地與自己對話。不單是像散步般的放鬆漫遊，更需要揹著家當行囊隨著地勢起伏長程跋涉，同時有著肉體上受苦力竭的相輔，我相信這將會是一個很棒的旅程。

於是，我出發了。

朝聖之路如同人生。

當你真正踏上朝聖之路時，

你會發現這條路給你的，

遠比你想像得還要的多。

Painting：Charlotte Chin

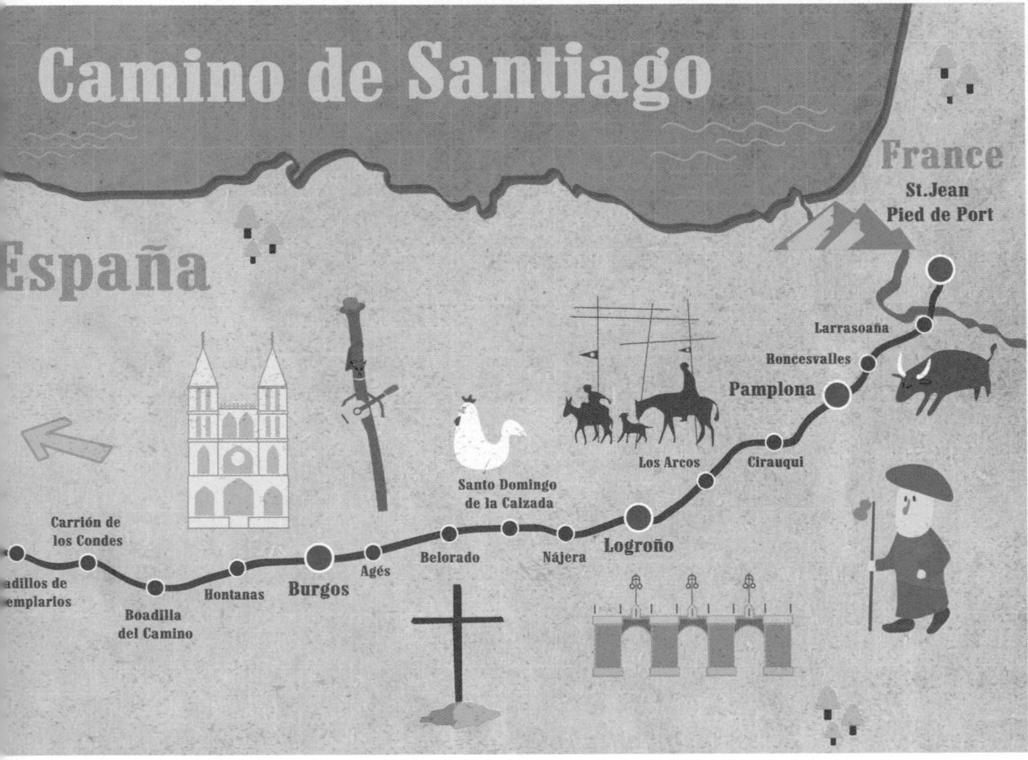

Camino de Santiago
France
St.Jean
Pied de Port
España
Larrasoaña
Roncesvalles
Pamplona
Los Arcos
Cirauqui
Santo Domingo
de la Calzada
Logroño
Carrión de
los Condes
Belorado
Nájera
Agés
adillos de
emplarios
Hontanas
Burgos
Boadilla
del Camino

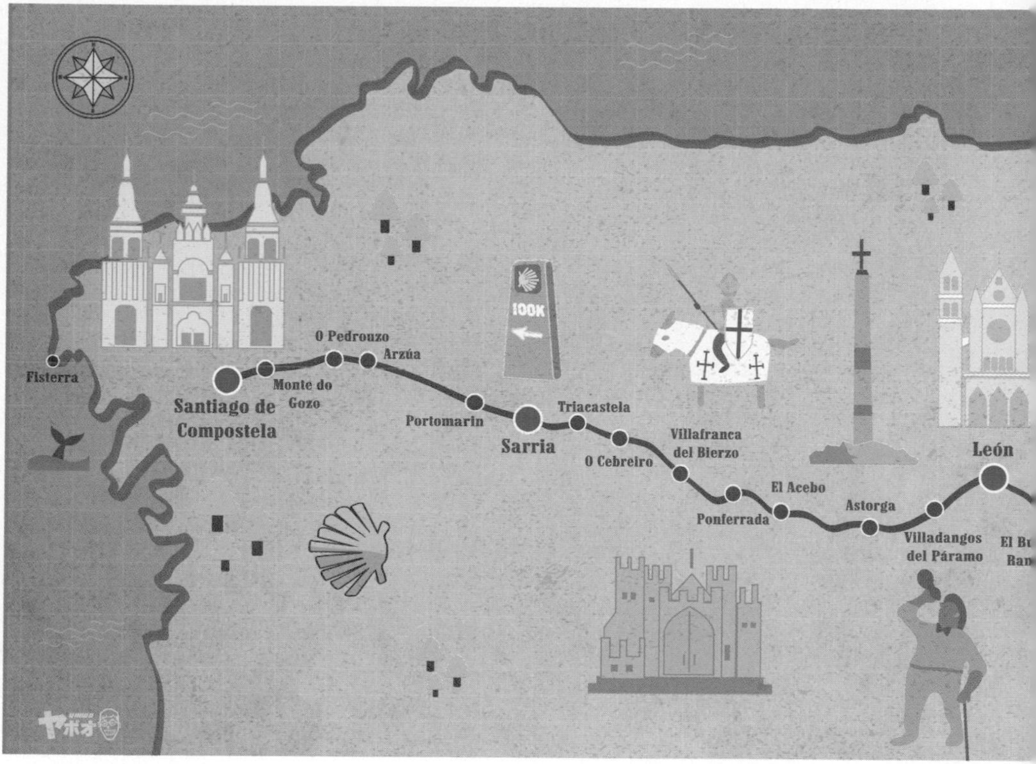
Fisterra
Santiago de Compostela
Monte do Gozo
O Pedrouzo
Arzúa
100K
Portomarin
Sarria
Triacastela
O Cebreiro
Villafranca del Bierzo
Ponferrada
El Acebo
Astorga
Villadangos del Páramo
León

就像旅途，四處漂泊的流浪，
這一路上總有許多自己想停下腳步放下心神的美景，
不過總只是流連駐足了片刻便又決然的離開……
哪裡才是我的歸屬。

遠行試煉——聖地雅各的召喚

「把山峰和塵世區隔的，是這片處女地的莊嚴和壯麗。
你永遠無法熟悉這樣的景象，一旦步入其間，你就進入忘我之境。
你認得路，但卻在裸露無路可走的岩石之間，感到迷惘和震撼，彷彿它由空氣和雲凝結而成。
那座崎嶇、多霧的山峰，隱藏在雲端，遠比噴火的火山口還要令人敬畏、令人驚奇。」

亨利・大衛・梭羅（Henry David Thoreau）

聖雅各

什麼是朝聖之路？

朝聖之路是橫跨西班牙伊比利半島於九世紀發展至今的徒步路線，以徒步、單車、騎馬等方式逕自踏上這一條上百公里的「聖雅各之路」。約三十天的旅程，每日從早晨開始，一路徒步藉由晨曦、小鎮、教堂、荒野、田園的見證，直至黃昏再到旅宿梳洗休息；這裡的人們（朝聖者）摒棄華而不實的表象儀式，將自己歸零，以雙腳為象徵追求心靈上的沉澱與啟發。朝聖之路雖始於中古世紀的宗教意涵，但在歐洲已成為熱門的旅遊項目，超過一半的人是為了突破自我極限而前往挑戰，一路上以接近赤裸的孤獨面對自我，或許步行的同時，心靈的疑惑與不安也能就此消弭。

相傳在九世紀，基督使徒沿著繁星的指引來到西班牙西北部，發現了耶穌十二門徒之一「雅各」（英文為 St. James 或 Jacob，西文為 Santiago）的遺骸。從此這裡被稱為繁星原野聖地雅各 (Santiago de Compostela)。朝聖之路西文為 Camino de Santiago(聖雅各之路)。

而在之後基督教徒與伊斯蘭教徒的戰爭中，一直處於劣勢的基督教徒因為相信聖雅各的託夢及顯靈，讓教徒們堅信勝利的到來，進而扭轉戰局擊敗了伊斯蘭教徒、收復西班牙領土。教徒們將此次勝利的榮耀歸於使徒聖雅各的顯靈。從此，走向聖地雅各城的路成為教徒們的朝聖之路，也成了歐洲最著名的朝聖地之一。

朝聖之路並非單指一條道路，較出名的有從西班牙南方起始的銀之路、里斯本起始的葡萄牙之路、法國南方起始的法國之路、沿海岸而行的北方之路等。對於當時的教徒們，所謂朝聖之路就是打開家門，從家裡走至聖地雅各城的道路——不管你住在巴黎還是哥本哈根。它的路線有成千上萬條，但最後都匯集於聖地雅各城，就如寓意般，「繁星匯集 (Compostela)」之城。

據說，完成朝聖之路、抵達聖地雅各的教徒們，能被赦免、洗滌一生的罪惡並獲得救贖。同時，焚燒自己這一路所有的衣物更象徵著嶄新的自我誕生。

這極具宗教意涵的一條路，時至今日對於大部份踏上這條路的人而言靈性上的啟發、自我探索、運動健康等因素更是前往的主要原因。在這樣的路上有著各個國家的人們，各式各樣的人，每個人都帶著不同的故事、不同的理由、不同的煩惱、不同的人生經驗，用著不同的方式等著與你相遇與你分享。

以最傳統的路線：全長大約 800 公里的法國之路為例。從法國南方的小鎮聖讓皮耶德波爾 (Saint-Jean-Pied-de-Port) 出發，途中會經過無數荒蕪的原野、翻越幾座綿延迭起的山勢，一路領著你走上荒原中杳無人煙的鄉野小徑、穿梭在文明中熙來攘往的城市街頭、徘徊在歷史洪流中見證中古世紀的文化遺跡，沿著西班牙北部的小鎮橫跨伊比利半島最後抵達終點。

有些人全程徒步行走、有些人騎單車、有些人騎馬騎驢、有些人交錯著運用各種交通工具。有人花一個月、有人花兩個月、有人每年只走一段逐年完成它、有人只走最後 100 公里、而有人走了好幾次，每個人都有完成它不同的方式。

不論是想體驗西班牙的鄉村景色或是熱衷於徒步健行，甚至是對中古世紀的人文歷史有興趣，行走西班牙的朝聖之路都是很不一樣的深度旅遊。這段路程無關宗教信仰、無關赦罪與救贖，而是一個很好的機會：放下原本的自己，與心靈做深度的對話與思考，重新認識真實的自己並探索生命的價值。

啟程

對於旅行，有些人習慣詳細地計畫盡可能讓旅遊行程都能在自己的掌握中並確實執行；有些人什麼都不想不做、甚至把全部積蓄壓在單程的車票機票上，連晚上該睡何處好像也事不關己似的活得無憂。我既羨慕著前者的縝密與實踐能力，也忌妒後者隨遇而安、擁抱任何未知並能處之泰然的瀟灑。而我就是那種既懶散不想破壞旅遊本身的驚喜，有時卻又忐忑掛心旅途未知的人。

就這樣，我只知道我需要花一個月的時間，訂了抵達後第一個晚上的旅宿，依稀知道這條路的輪廓，幾乎沒做任何細節的準備就出發了。我懷著種種不確定性抵達聖讓皮耶德波爾(Saint-Jean-Pied-de-Port)，下車就直奔「朝聖者辦公室」。

那是間如客廳般大的一樓小辦公室，手繪地圖、海拔地形圖、朝聖者的象徵物，還有許多張不知道是誰但感覺像名人的合照等被井然有序地掛在牆上。每個來到這裡的人都依序排隊前往櫃台領朝聖者護照及相關資料並做官方的登記。

我東張西望等待的同時豎起耳朵，看著聽著周遭的一切並在腦中快速整理所有茫然未知。終於輪到我了，我一股腦兒地坐在檯前椅上心想我不待個十旬半載把心中所有問題釐清絕不離開。迎來的是來自加拿大、笑容滿面的志工。他交給我沿途村鎮的住宿資料、簡易地勢圖及朝聖者護照：標記著姓名國籍和用來收集之後每個村鎮印章的小紙冊。當抵達終點時能用這本朝聖者護照證明每日的身體力行並換到中古世紀用拉丁文所寫的贖罪券。

「好了，你可以走了，祝你一路順風。」他什麼都沒特別交代，露出神父般散發慈悲的笑容說。

「我明天需要幾點出發？大概要走多久能越過庇里牛斯山？大家平均花多少時間到終點？路途中有 ATM 可以領錢嗎？我需要事先預訂隔天的住宿嗎？……」我沒辦法接受對話在心中尚有許多問題的情況結束，持續問道。

他耐心地一一解答我的問題後並說：「放輕鬆，過幾天當你對於一切都上手後，這些都不再是煩惱了。」一樣露出非常慈懷的笑容，但同時也感覺得出他見了太多像我一樣不做功課等時候到才開始焦躁發問的懶惰鬼。

也罷，在我之前就有許多懶惰鬼到現在也還活得好好的，我應該也能活得好好的吧。自己喃喃的碎念，仍舊帶著許多疑惑與不確定回到旅宿。

也許這就是旅行教我的其中一件事情吧。在生活中在工作中，過去我總習慣一切的進程都要在自己掌握之中，期望事情都能有條不紊地達到自己原先預設的要求，只要偏離一點點就會感到焦躁不安，而在旅行中有太多的不確定因素與突如其來，與其對每件事都感到焦慮，不如好好享受途中帶給自己的每一個驚喜。

庇里牛斯山

在天尚未破曉之際，便展開了我的朝聖之旅。從未試過也不曾為長途的徒步做過任何訓練的我深怕在日落之前趕不到今晚的目的地。第一天的路程在整趟旅程中可以說是很困難的路段之一，自法國南部越過庇里牛斯山跨境到西班牙，從聖讓 (Saint-Jean) 到下一個村落倫賽斯瓦列斯 (Roncesvalles) 有 27 公里之遙，且海拔需垂直爬升 1200 公尺。我從來沒有單次走過這麼長的距離，更何況是在揹著行囊高負重持續上坡的狀況下，老實說我不確定自己辦不辦得到。

山徑從尚未完全甦醒靜謐的群落小鎮開始向上延伸，蜿蜒崎嶇的路上零星散落著紅瓦農舍。看著前方不斷向上延展沒有盡頭的之字陡坡，感覺背上隨時會壓垮自己的重量，我用一滴滴汗水去換一步步上攀的前行。緩步向上，漸漸遮蔽周遭的不再是兩旁的林蔭，取而代之的是一座又一座連綿山勢。

身後道路被雲霧所吞沒，前方是連結一座座令人感到心曠的山稜線，但我並不感到特別疲累，或許是旅程之初的興奮讓我一直維持在高亢的狀態，或是過往的登山經驗使我更熟練地調配呼吸與步伐，更何況此時我正被如此的遼闊壯麗深深吸引。

「有聽過山的聲音嗎？它有時伴著蟲鳴鳥叫、有時隨著颯颯風聲起舞，而有時是萬念俱寂的寧靜。但每一次我都確信祂在對我說話。」

這就是我喜歡爬山的原因吧。唯有身在山林中於天地間才能真正的感受到自己的渺小，才能真正體悟到自己不過是與之共生自然生態中的小小一份子，讓我更能懷著崇敬與謙卑的心去面對自然萬物。我總期許自己能在體驗自然的過程中流點汗，甚至受點傷。腳踏實地氣喘吁吁一步一步往上踩的步伐，沿途及終點的美景，才是確確實實自己「掙來的」。如果只是靠著汽油燃料而得到的景色，我會覺得眼前的美，好像除了美就什麼都沒有了。若能付出些力氣，那也許可以不只是觀眾與畫作的關係。自己花心力與時間換來的事物，帶來的成就與滿足感在我們眼裡是格外感動。

經過一整天的行走終於抵達今日的小鎮倫塞斯瓦列斯（Roncesvalles），這座諾大如碉堡般的庇護所（Albergue）幾乎是所有朝聖者翻越山嶺後的過夜休息處。

在朝聖之路上，可以憑藉朝聖者護照入住價格相當便宜實惠的庇護所，大概五到十歐元就能擁有一張床位、公共浴室及開伙或用餐的公共空間，如同朝聖者的青年旅館，有的具規模管理、有條不紊，有的私人經營如民宿小巧簡約，而有的年久失修得像避難空間般殘破蕭瑟。

當結束整天的跋涉吃完晚餐，以為可以好好放鬆休息時，殊不知夜晚的戰役才正要開始。首先你得確實檢查自己的床位有沒有傳說中象徵不幸的床蟲（bed bug）。若不小心染上床蟲，不只徹夜生不如死的難眠，牠甚至會隨著你的衣物背包陪伴你往後的每一天；而這動輒一二十人共處一室的空間，你得去忍受各式異

味並安撫你的嗅覺去適應它；然後你得理解到大家作息時間的不同，那些突如的開關門聲話語聲經常絕情地把你從正要進入夢鄉的關鍵時刻拉回。此時你必須備妥朝聖之路上兩項不可或缺的物品：耳塞與眼罩。當你突破重重關卡後將進入最後的試煉：震耳欲聾的鼾聲此起彼落地譜出撼天動地的樂章，若有幸睡上特別席，那你將理解到這音量根本不是耳塞所能抵禦的。在往後的日子裡，朝聖者們時常用白天疲憊的身軀打著夜晚絕望的戰役，遊走在崩潰的邊緣，攻守上百回合才能依稀地進入夢鄉。

朝聖之路確確實實的交付給我們一場二十四小時不間斷「苦其心志，勞其筋骨」的試鍊。

潘普羅納

開始旅途沒幾天，在翻越庇里牛斯山的路途中我就遇上了台灣人。她們是虔誠的天主教徒，以宗教朝聖為主要目的，在退休後飛越千萬公里展開這場冒險旅程。初次攀談的過程中，感受得出她們是第一次嘗試這種長程健行的深度旅行，並且對我感到好奇，對於我攜帶的食物、我的裝備經歷等等，我感受到除了在他鄉遇到台灣人的親切感外，更多的是她們對於旅程的擔憂。但是儘管缺乏經驗、有這麼多的憂慮，她們還是遠渡重洋實際地踏上這條路，這更凸顯了她們對於冒險的純然好奇與虔誠的信仰是多麼不容小覷。

她們計劃每天把行囊寄送到下一晚住宿點，白天以舒適的輕裝上路。

「我們知道我們沒辦法像別人一樣花一個月就完成朝聖之路，一個月不行，那就兩個月、三個月吧！慢慢走總會到的。」她們勢在必行的說。

我將自己所知且想得到的一切告訴她們，從過去自己旅行經驗中行動糧食的準備、登山杖的使用方法、登山上下坡時與走路姿勢的小技巧等等。在離別時她們對我說：「聽別人說，走在這條路上總會遇上許多『小天使』，而你就是我們遇見的第一位小天使。祝你接下來的旅途一路順風～」

我會心地笑了，能被當成他人心中的小天使，這感覺真好。但其實，你們也是我的小天使！要我不要忘記，不管年紀漸長的多久以後，始終都要保持著這樣探索世界的熱情與好奇心。

越過了庇里牛斯山後地勢趨緩，漸漸地感受到屬於八月西班牙盛夏的熾熱。

當我走進這趟朝聖之旅的第一座大城市潘普羅納（Pamplona），一座富含西班牙傳統慶典文化的城市：奔牛節舉辦的地方。是我第一次，對城市感到如此新鮮，覺得都市文明有著目不暇給的新奇。

連日的山林野徑每天雙目所看的雙腳所踏的都是自然景色，甚至已經習慣過著最樸實的鄉村生活，突然一時無法適應鄰比皆是的建築、琳瑯滿目的商店與人來人往的街頭。我已經忘記以前的自己是用什麼樣的心情生活在這連陽光灑進都有困難的林立高樓、用灰朦空氣襯托不絕於耳的交通噪音，和擦肩而過、無視彼此存在的冷漠人群。那些曾經讓我感到作嘔的都市文明元素如今在我眼裡顯得百般鮮明動人。

我總是喜歡城市給我的便利，在軟硬體兼具的都市裡取得任何資源唾手容易；我喜歡它給我的安穩，在所有事情都熟悉的環境裡可以專心致志無任何顧慮地做自己想做的事；

同時我討厭它給人的冷漠，人與人之間少了最純粹的連結與互動，彼此戴上面具，碰到什麼事什麼人總是制式的應對，當回到家自己卸下面具時又是個疲憊的總結；我討厭它給人的功利思想，任何事都只追求效率、追求利益與最大化，讓人忘了何謂溫度與純粹；我討厭它給人的慾望，讓人逐漸分不清什麼是想要什麼是需要，迷失在這無止盡的物質競賽。

當我走過潘普羅納，穿越充斥著觀光客的大街，讓我漸漸理解到所謂朝聖者是個既屬於當地又屬於過客的存在，我們與當地人共同譜出了這座城市的面貌，但同時我們的心都落在更遙遠的終點。我們與人們極為疏遠，我們注定無法停下腳步，就算我們的步伐踩得再緩慢。人們眼中看不見朝聖者，朝聖者對於他們不過是稍縱即逝的過客。他們知道我們很快就會離開，而我們確實如此。

上路了

在我閒散的路上，突然看見遠方一張木桌突兀地矗立在這幾乎看不見任何人類文明痕跡的荒野中，加緊腳步湊近一瞧，那張像學生課桌椅的木桌上無序地撒放著看起來不怎麼新鮮可口的水果、凌亂的乾糧和瓶裝水，我疑惑地想怎麼有這麼好心的志工會在這荒野為路途中急需幫助的朝聖者準備食物。

此時吸引我目光的是刻在木桌上的白色字跡，上頭寫著「你可以帶走一件你需要的東西，同時你也可以留下一件你覺得他人會需要的東西；你可以帶走一段話，同時你也可以留下一段話給下一個人。」旁邊正攤放一本破舊不堪的皺褶筆記本和一支筆，仔細一看，那是本像簽到簿的開放日誌，供經過的人留言。原來這些食物和水不是特定的善心人士所準備，而是過往朝聖者們所留下來的。

很喜歡這樣無私地接受與付出傳承的概念，不過我暗自地想著，以自己現在的身體狀況到達今天預定的過夜點應該不至於太辛苦，就什麼也不拿把這些留給後頭更需要的人吧，況且我身上根本沒有多的食物能拿來分享。於是我隨意地翻了翻筆記本，上頭用不同的字跡語言分別寫著一段段文字，有的留下兩三行簡單的加油打氣、有的寫滿整頁描述心路歷程，在我快速地翻閱並準備啟程繼續上路時，瞥見一段潦草卻簡潔的文字：

「一個圓是360度，同時也是0度。」

我像被電流觸擊般為之一驚，好像理解卻又不明白的深深吸引我，在原地思忖了半刻，決定把它寫進我的日記本，帶上它。

我實在想不出什麼特別又砥礪人心的話，而且我的英文能力可能只允許我寫出那些普通到過目即忘的單字，不過我腦中意外自然地浮現在一部自己很喜歡的電影裡看到的一句話：

「幸福必須仰賴與他人分享才能真實存在（happiness only real when

shared)」我把它留下來了。

當我還沉浸在那句話所表達意義的思緒裡頭，我越來越感覺我高估了自己的身體狀況、低估此段路程的艱辛。開始有點後悔沒帶走一顆木桌上的水果，我確切感受到，當所謂朝聖新手旅程初期的新鮮亢奮逐漸消退後，得開始真正去面對周遭環境帶給自己的考驗。

天氣比想像的還嚴峻，熾熱的太陽毫不留情一點一滴榨取身上寶貴的水份，上下迭起的碎石路正竭盡所能地催生腳底水泡成長，背包壓在肩上的負荷也急遽增生我的疲累，兩旁的道路由於行走的緩慢讓人越看越枯燥。

在我昏沉疲憊意識開始恍惚的時候，迎向而來的是一座跨越小溪的石拱橋。如荒漠中找到水源般的我提起身上僅存的一點力，奮力滑下土石坡，以一個沒有任何多餘動作像是訓練有成的熟稔速度卸下背包、脫下鞋襪，倚坐在林蔭的岸邊將雙腳浸於沁涼的溪水中。

「阿……好像又重新活過來的舒暢……」

當我回過神時，才發覺需要這溪水療癒身心與雙腳的可不只我。在離我不遠處，一群朝聖客正朝我揮著手要我加入他們，我想這就是朝聖者之間不分你我的熱情吧。就這樣，我們一行人有人站有人坐，雙腳浸在溪裡你一言我一語的聊了起來。當聊天到了一定程度，我們無可迴避的話題除了關心彼此雙腳的疼痛與腳底水泡的狀況外，就是「你為什麼上路？」了。

問這個問題的我們正處在旅途初期的雀躍心情中，對彼此對環境對一切充滿興趣：我們好奇彼此的理由。於外，我們想聽到更多不一樣的新奇理由和有趣的故事；於內，我們渴望在不同的答案之中也能找到印證自己踏上這條路的正當性與神聖性。更直白地說，我不認為每個人都是非常明白自己開始朝聖之旅的原因，而是在茫茫的問題中試圖找出那些令自己產生共鳴和感觸的答案，並用自己的感悟內化而成這個上路的「理由」。聽起來有點弔詭卻又實際：我們上路的真正理由是在一次次彼此分享原因的過程中確立的。

為什麼走上朝聖之路?每當旁人用不可置信、這人有毛病的態度或露出欽佩讚嘆的口吻問起我時，其實大部份的朝聖者內心深處比誰都要茫然失措。我們會想盡辦法織出別人能夠認同且自己可以接受的理由：

「我想體驗西班牙的鄉村景色」

「我熱衷徒步健行」

「我對中古世紀的人文歷史有興趣」

「我想換個旅行的方式」等等。

以致發展出一個非常標準完全符合眾人同意的答案：「我正經歷人生某個需要好好沉澱思考的時期。」不過要沉澱要思考在全世界的任何地方都可以做，怎麼跑來這裡?也許在我們腦裡有成千上萬的思緒，錯綜複雜的原因交互影響著，讓我們也釐不清當初最確切的動機，等意識過來時發覺我們已經在路上了。

我們上路了，就這麼簡單而已。

「不是你選擇走上朝聖之路，而是這條路選擇了你。」來自巴西的艾琳淡淡的結出在場每個人都很滿意的答案。我太喜歡這句話了，既浪漫又可以用堅定帥氣的口吻將心中種種說不上的緣由託給命運。

「聽說，當你走完朝聖之路抵達終點的那一刻，你還會想再走一遍。」來自澳洲頂著蓬鬆捲毛，渾身散發逍遙氣息的約翰不經意地說起。

這卻激起在場每個人強烈的反應，我們異口同聲道：「不可能！」

背包的重量

依照長程徒步的科學根據，背包重量盡量不超過自身體重的 10% 為標準。但我從東歐開始擔國際志工與沿路拜訪朋友的旅程中，一路上所需的裝備行頭還有筆記型電腦，零零總總加起來背包的重量大概是自己體重的 18-20% 了。能在路上找到比我還重的包包幾乎是不太可能，路上的朋友看到我駝著厚重的家當總是同情又揶揄我：「LIN carries his home」

許多人建議我寄行李到下個城鎮，每天都輕裝上路讓雙腳好好休息復原，但我總是回絕。背包塞滿我流浪的家當，他是我的同伴、是我的家人、是我的一部份。我受惠於他取之於他，相對的我得為他負責。就算痛苦來自超額的負重，他在我肩上腳上給的疼痛苦難，都是我得在這條路上承受經歷的，沒有這些重量與苦痛，我的旅途就不完整。

在長程徒步之前雖然沒有做過訓練，但平常有持續運動的習慣，雙腿的肌力整天跋涉下來還不到疲累的程度，甚至覺得每天都走不夠想繼續走，但是超出身體負荷的額外重量，和長時間的運動及壓迫，使我的關節異常吃不消，關節疲憊進而拉扯到周圍肌腱，於是我腳踝附近的肌腱在我每天不間斷地操勞下就這樣一直維持紅腫發炎疼痛的狀態，沒有任何喘息的機會。

背包像門人生的學問。揹上背包旅行一段時間後，你會清楚知道它有多重、給你多少負擔。會開始捨去不必要的東西、不再買不需要的物品；打理背包丟東西時會百般猶豫不捨、買的時候更是萬般猶豫不決，得讓自己背包裡留下的每樣東西都發揮它最大的效用或價值，否則都是多餘的。而到了最後會發現，背包裡留下來的每一樣物品才是自己真正需要的。

背包的重量，你得為它負責。裝的東西越多你越方便越舒適，但同時你就得為它承受更重的負擔。會開始去思考什麼是自己需要，而什麼是想要，多一份慾望的同時也多一份相應的代價。學習整理背包的時候還真像學習人生慾望取捨的過程！尤其是身在「被強迫消費」時代下的我們，那些自認為想要且必須擁有的事物，其實大部份都不是我們真正需要的，而是因為「廣告」讓這個社會、這個環境決定我們「需要」什麼。如果能時時想到「旅行背包」的概念，意識到想要與需要的差異，可能會減少許多大量的浪費與「越消費越空虛」的心理狀態，而且在過程中更能清楚的認識到自己的真正所求。

「我們的慾望是模仿他人慾望。」物質是，價值觀更是。

探索真理——倏忽即逝的渺小

「一個人如不能追隨同伴的腳步，或許是因為他聽到不同的鼓聲，
就讓他跟隨自己所聽到的音樂繼續前進吧，不管有多遠。」

梭羅

用語言思考

「嘿！你會幾種語言呀？那你思考的時候都用什麼語言？」這是我今天在路上見人就問的問題。或許人家會覺得奇怪，這小夥子沒來由地見面第一句話就問這什麼問題。

我心生嚮往覺得厲害的職業有很多，其中之一就是：翻譯，或是自己有能力去習得其他語言。諳熟一種語言，其實會在潛意識中用此種語言的文法邏輯去思考事情，甚至更能自然地體會並融入該語言的民族文化思維。

除了中文以外，我只會勉勉強強的英文，可能連順暢都沾不著邊。在外生活一段時間，雖然還是用錯得一蹋糊塗的台式英文直譯，但也漸漸地能不用經過太多思考，在大腦中快速譜出差強人意的句構。在一次打回家裡的電話中，明顯感覺到自己說中文的順暢度好像略有下降，我不禁思考今天我不過是用簡單的英文在異國生活著，不過是片語單字即時轉不過來，那接下來是不是文法構句也會有一樣的問題？如果我在外生活了更長的時間，是不是整個邏輯思考模式都會不一樣？

身邊許多中英文非常流利的朋友，他們有個共同特質：說起英文時明顯感覺自信滿滿意氣風發，而說起中文時又顯得內斂渾厚、恭謙穩重。我相信這兩個狀態都是真實自己，卻是不同面相的表現。

曾經看過一篇研究指出，語言對於未來時態定義的明確程度影響著使用該語言的人日常生活的儲蓄程度。（也看過一個例子，華人文化不愛舉手發問有可能是因為，對英語人士來說提出問題是 Question，但中文中「問題」不只 Question 更包含了 Problem 之意），成千上萬的例子中既然語言能夠影響生活模式，那是不是也代表語言有著足以影響邏輯思維的能力？

幾個月前在法國朋友家聊天的過程中才第一次了解任何「東西」在法文裡都有陰性及陽性。他們指著生活周遭的東西說這是 la（陰性）、那是 le（陽性）……但凡冰箱、玻璃杯、車子、水、樹，甚至顏色、星期幾……。而之後我更了解到不只法文，甚至西班牙文、德文、俄文、希伯來文等等，世上許多語言對於事物的描繪都有陰性陽性，只不過他們針對同一東西陰陽的分別不見得相同。（英文在11世紀時也是有陰陽之分的）

必須說我覺得賦予事物陰陽性是多麼浪漫的一件事！若中英文說「海浪拍打礁岩」，換成其他語言並賦予性別（假如浪是陽性、礁岩是陰性），此時更富詩意的會形容「他撫摸她、親吻她、浸濕她，他捶著自己的胸膛，一再重複自己的名字。」（節自《海的歌頌》），這之中多了太多浪漫的想像！

可惜的是中文沒有這套系統，別說英文只剩下男人女人與它了，中文甚至在口說時都沒有區別，對於我們來說（普通中文母語只學單一英文外語），世界是如此平面無生氣的冰冷，真的很難想像那個豐富精采的世界是什麼樣子。但反過來說，賦予每樣東西性別是多麼的複雜且擾人，許多時候根本無規則可循啊！

事物思考的結果就像放射狀的中心點，思考過程宛如邊緣各點往回向中央聚集的途徑，而單一語言的思考方式就像眾多聚集線中的其中一條。雖然每條線最終都能達到中心，但沿途看見的經歷的景色卻不盡相同。取代單一語言的思考模式，如果能掌握更多條路徑（使用更多語言），打破語言邏輯的思考盲點，是不是看事情時的角度能夠更寬廣全面，甚至可以選擇更輕鬆直接的途徑抵達中心點呢？

能夠任意切換並流利說出兩種以上語言的人，其思考模式是用母語的邏輯思考再翻譯成其他語言說出，還是用當下說的語言進入思考狀態，又或者是在思考的時候已經用兩種以上的語言在腦中運轉過，最後只是選擇用其中一種語言輸出呢？

洛格羅尼奥的晚禱

當我抵達洛格羅尼奥（Logroño），我直挺挺地前往主教堂公營的庇護所，我鍾愛這種教堂或是修道院旁由神職人員所經營的庇護所。住進當地最古老的建築、想像著最傳統的生活模式，彷彿我真的成了中古世紀虔誠的朝聖者一樣，而此間庇護所更是少見的「自由捐款」。我這個盤纏有限的小小背包客正打算找機會好好的「意思意思」一番。

沿著地址找到位於大教堂旁的高大木造拱門，敲門後應聲而來的是位年近七十、滿頭白髮的老人，帶著就算我罪惡萬極也能不問緣由來包容原諒的慈懷笑容，踩著蹣跚的步伐歡迎我的到來並分派床位給我。他是教堂的神父，要我趕緊梳洗休息一番後準備用晚飯。

今天投宿這裡的朝聖者不算多，其中幾個也是我近幾天常碰到的朋友，加上神父及身邊的神職人員差不多就十個人左右。我們依序到飯廳的長桌坐了下來，端上桌的是一盤又一盤豐盛的料理：雞肉凱薩沙拉、南瓜濃湯、西式馬鈴薯燉肉、義大利麵還有紅酒！

我們不可置信同時看向彼此暗自忖度著，入住這間庇護所已經是自由捐款了，竟然還附這麼豐盛的佳餚！神父好像看破我們心思一樣，告訴我們：「今天製作佳餚的材料是用昨天朝聖者們捐款的錢所籌備的，意思是說你們今天的捐款金額決定著明天將入住的朝聖者們晚餐的菜色。」我太喜歡這種延續傳遞的概念，單方的付出不求回報，只希望把這份情傳給下個人時，中間的感恩之情會無可估量地放大並延續。我瞬間從盤纏有限的小小背包客搖身一變成了花錢不眨眼的大富人，暗自決定離開時要好好地捐款，讓明天的朝聖者到來時吃頓超級豐盛的大餐。

我們一行餓壞的人邊吃飯邊開心地聊天。我身旁的德國女孩作勢要跟對面的比利時小哥打起來，只因我無心地問他們究竟哪個國家的啤酒好喝，一方堅定自己是全世界最優秀，強調著那些揚名國際的啤酒品牌；一方氣急敗壞地力爭，自己國家的甘甜水質所釀出的啤酒有多出色，不時轉向大家要我們投下決定性的一票，眾人在各種的爭辯歡笑聲中度過這晚宴。

用完晚飯後，神父說要再為我們做一次朝聖者的祈福禱告。於是他像變魔術般從飯廳角落不起眼的木櫃旁拉開一扇地窖的門，領著我們走進神秘的入口，那狹窄昏暗的密道像極了丹布朗小說裡教堂內部錯綜複雜的宗教密道，好像等等隨著步履的行進，我們會與神父來場緊張刺激的冒險。跟著神父左彎右拐後再推開另一扇門，原來，我們已經在教堂大廳的正中央了。這種神秘又像電影情節般身歷其境的情景令我們雀躍驚嘆不已。

神父要我們在一個馬蹄形的小禱告室裡圍著半圓坐下。到前頭桌上領著自己母語的禱告文本：西文、葡文、德文、法文等。想也知道不可能有中文的我索性拿起英文的禱告譯本，緊接著神父用著西文為我們禱告，感謝已經發生的每件事並祈福未來旅程上的順利，時不時還會用英文告訴我們到哪個段落、引用的各個福音。拿著譯本，我第一次這麼明白晚禱的內容。

在最後一頁的時候神父要我們為自己禱告，每個人用自己手上譯本的語言輪流為彼此唸一段禱告文。在經過德國女孩一段鏗鏘伶俐與法國小哥滑順慵懶又過度浪漫的口音發表，我開始腦袋一片空白、冒冷汗，譯本內的文字瞬間變成天書根本看不進去。我開始在想，我好像從來沒有在一個如此莊嚴靜肅又神聖的場合讓大家屏氣凝神地聽我說話過。我等會看到不會的句子怎麼辦？看到不會發音的單字怎麼辦？抑揚頓挫沒有掌握好是不是很失態？就在我陷入擔憂的思緒時，神父的話語聲敲醒了我，眼角餘光瞥見大家的目光向我投來。

「LIN，換你了喔，最後一段。」

「阿……好……」就像打瞌睡被老師當眾點名。

「阿……那個……我可以用自己的語言唸禱告文嗎？我是說我自己的母語，而不是英文。」

神父略顯驚訝的同時露出同意的微笑，並和大家一樣以期待的眼神看著我，而我卻不敢相信剛剛替我說話的人是誰，如此不自量力、大膽不索思考！我百般後悔並感嘆到底哪來的勇氣主動把自己推下萬劫不復的深淵，英文都有問題了還要即時翻譯中文！冷汗直流的我深呼吸告訴自己可以的，硬著頭皮用最道地的台灣腔唸出這一段中文禱告：

「主阿，我們在以愛之名前往聖地雅各的道路上期盼祢時時地照顧我們。

做我們的同伴與我們同行；
給我們指引當我們迷失；給我們能量當我們疲倦；
給我們庇護當我們陷入危險；給我們安慰當我們倍感挫折；
給我們力量當我們奮力往前；給我們光明當我們身陷黑暗；
在祢的引領下，我們將會平安順利地抵達終點，並滿懷祥和恩典的回到家。
以主耶穌基督之名，阿門。」

感覺到自己聲音緊張得顫抖又略顯結巴，我的腦袋還是空白的，在一個好像有點卡又自覺勉強可以的狀態下結束這段禱告。不可置信，我竟然完成它了！從一次次顫抖的語調中不斷告訴自己相信自己一定可以做到，恍然明白了置之死地而後生的感覺。細數人生的歷程，那些義無反顧相信自己的時刻總是為自己添了許多難忘的回憶及故事。

不出意料，大家露出第一次聽中文像聽繞口令般驚奇新鮮的神情。事後我竊笑地想著，還好是中文，根本沒有人聽得懂，就算在耶穌像下講一則寓言故事大家也聽得頭頭是道覺得我在唸禱告文吧。

禱告文有種魔力，以一個非基督教徒的角度看並讀著這段話是不會有太大的感覺，但當你藉由自己的口確實唸出來，同時那些禱告文中述說關於朝聖之路的種種內容，對於一路跋涉而來的我們而言是如此貼近。在那一刻彷彿自己就是全世界最虔誠的教徒，所有來自上帝的祝福與能量都藉由誦讀浸沐全身般的神聖，尤其這一切的發生是在眾人都注視著自己的莊嚴教堂裡。

隔天要離開時，我不禁在捐款箱前苦笑著放了遠超過我當初想「意思意思」的金額。這種難能的經驗與最實際的接觸是沒辦法用金錢去衡量它的份量，就算我再富有，我真的也只能「意思意思」而已吧。

修行的印記

從懵懂跌撞的新手脫胎換骨成一個真正朝聖者的過程中，首要面對的考驗就是正視身體的感受。正確地來說，是日以繼夜疾行下來自雙腳憤怒的抗議。日常生活中雙腳幾乎是被我們毫不留情忽視的存在，但在這趟旅途中卻成為我們極盡呵護的對象。

行走，在我們看來是件理所當然的輕鬆事，但在長時間運動及負重的條件下就另當別論了。於開始，整天運動下鞋襪裡的悶熱與摩擦助長著腳底各式水泡的生成；緊接著，肩上行囊的負重也一步一步摧殘著關節，考驗他的能耐；就在不堪負荷的關節發出痛苦哀求時，周圍的肌腱更是紅腫地來湊熱鬧；有時腳底板還會用侵蝕般的疼痛去抗議不人道的反覆壓迫。這就像是場展現疼痛的嘉年華，身體的各個部位以痛覺為標準爭先恐後地角力。這些任性頑固的痛楚們層層疊加交互影響，每天都在上演精采地拉扯對峙爭寵戲。

朝聖者們用盡猙獰的表情、踉蹌的步伐毫無遮掩地表現雙腳施加給我們的痛苦，但同時我們也是甘之如飴地享受這煎熬難耐的苦楚，彷彿誰承受的疼痛比較多就代表誰接受了更多來自這條路的試煉與祝福，對我們來說這是晉升成為真正朝聖者的必要過程。某種程度上，我們心中真正朝聖者該具備的相輔要素之一就是極致的苦痛，同時也是我們修行的印記。不過在這條路上，許多人仍會因疼痛而在中途選擇放棄。

基本上在路途中與朝聖者直接相關的商家除了庇護所與餐酒館外，就是藥局了，某些城市的藥局甚至有24小時營業，這對一到下午店面全部關閉午休，以休息與懶作為傲的西班牙人是非常不容易的事。

當店員及藥事人員透過玻璃櫥窗遠遠地看著步履蹣跚的朝聖客逐漸靠攏聚集時，他們一定竊喜著。我們是只要能治得好雙腳，再多付兩倍三倍價錢也毫不猶豫的頂級肥羊。我們之間還會互相詢問哪個貼布好用、互相介紹哪個藥膏有幫助、互相推薦哪個牌子的產品。這程度就好比屠夫要宰肥羊，肥羊會自己呼朋引伴聚集各路同夥們歡天喜地的一起等著被宰一樣荒唐。而我們永遠都不明白最好的復原是休息。

我們總是不斷安撫雙腳任性的抗議，正確地說，應該是雙腳一直容忍我們義無反顧的任性。於旅途初期，我們總會設定一個一天大概行走的距離。到了旅程的中後段，被問起今晚打算在哪過夜時，我們總打趣地自嘲道：「我也不知道，看今天我的雙腳想在哪停留吧！」

記得在路途後半的某天，翻越了整趟旅程最後的山勢。

山，對我來說很奇妙也很有趣，「爬山」這件事我好像一直都在認識祂，當自己覺得了解了爬山的迷人之處時，又會在下一次的登山經驗中產生新的想法，從顛覆到懷疑，一次又一次不斷的重新認識，一直處在試圖窺伺祂根本樣貌的過程。路途中每遇到山勢都會躁動我那無法抗拒的靈魂，沉浸在無我的爬山樂趣裡，忽視來自雙腳不堪的抗議，以一個遠超出身體負荷的高亢興奮情緒疾行於連綿壯麗的山巒間。

當興奮感消退和身體冷卻後，隔天一早起床時雙腳碰觸到地板的霎那如雷擊般的痛覺刺擊著我，我知道事情不妙了。以如此傷況，本該讓自己好好休息一天的，但想到要留在這座極度荒蕪、連酒吧都沒有的村鎮裡，倒不如走多少算多少的慢慢出發。

我真正體認到什麼是「舉步維艱」。這已經不是可以靠變換行走姿勢一拐一拐地去減輕痛覺了。幾乎使出了全身的力量踏出每一步，從腳踝關節到肌腱，每一次踏地的撞擊都換來難耐的錐刺感，此時腳底水泡的痛覺根本不算什麼了，雙手用力地拄著木杖盡可能分擔一點點衝擊，那種疼痛就像是每多走一步你的壽命就會減少一天般無法勉強。雖然此時離最近的城鎮還有五公里之遙，在這荒野上令人感到無助；雖然每一步的疼痛都扭曲了我的表情，不過此時的我不再為它感到煎熬，不再為它感到心煩意亂，反倒欣然接受痛覺是我的一部份。老實說我對自己的狀態感到很滿意，雖然那天是我身體狀況最糟糕的一天，我也確切知道以後我不能再這樣勉強自己，但是我卻很感激自己與痛苦相處得十分融洽。

相遇

在這裡遇見的每個人，彼此相識更加地匆忙也格外地珍惜。路途上每個人行走的速度都不一樣，計畫過夜的城鎮也不盡相同，大部份的時候經過彼此只會說一句 Buen Camino（一路順風）。當有機會做更多地交談、建立更深的連結後，要分開時我們都希望能在之後的路途再碰上彼此，儘管我們都明白這一別可能再也見不到，但是當我們下一次真的在路上又不期而遇，總會欣喜地衝向彼此懷抱。

「Hey,How are you?」麥可擁著淺金的短髮和典型的德國臉龐一跛跛地走來向我打招呼。

老實說這是我習慣到做夢都能脫口而出卻一直沒辦法很自然理解的一句話，「你好嗎」在中文裡更像是書信裡的開頭或是許久不見的老相識見面會說的一句若即若離的問候。不過比起這個，西方文化中在生活裡朋友的見面或離別時極其自然並真誠擁抱彼此，不分你我大大拉近雙方距離的舉動，更是令我著迷。

「Still alive,you?」這句似乎變成朝聖客之間的默契，打趣地告訴對方這一路的疼痛真有夠受的，不過我仍好好的活下來繼續往前走著。

他一股腦兒地坐到我旁邊脫下鞋襪、拆下腳底的紗布，映入眼簾的是將近半個腳掌大的巨大水泡，我真不知道他是怎麼撐過來的。他帶著因痛苦而有點扭曲的表情說「今天剛好是我上路的第13天，你知道嗎，13這個數字在我們西方人眼中是非常不吉利的數字。我昨天吃壞了肚子，今天整天非常不舒服，腳底水泡的刺痛和腳後跟的撕裂痛好像迎來這幾天的最高峰，所有的噩耗接踵而來，今天真不是我的日子！」

「那就表示你只要過了今天，未來的日子都會慢慢好轉，最糟也不過如此！」我掏出包包裡所有可能用得上的醫療用品：藥丸藥膏貼布等。這又是種朝聖者之間的無私精神，最具體的例子就是為彼此的身體解憂。奉上各種藥品、獻上自己微薄已知的醫療知識經驗等，彷彿為對方做得越多最後的治癒效果就會回到自己身上一樣殷勤。

「其實我每天都很想放棄，打算明年再來繼續走。這路途實在太折磨人了……

但都走到一半了實在是沒有勇氣真的放棄，所以就繼續走下去……」他飄忽著眼神落寞說道。是阿，其實上路的我們，比起堅持下去，放棄需要更大的勇氣啊！

「今天剩下的路，我陪你走吧！」

在這裡的每個人都有相同的目的、相同的奮鬥、相同的默契。感同身受烈日下的每一滴汗水、壓在肩上及腰間的沉重行囊，以及邁出每一步伐關節肌腱與腳底水泡的疼痛難耐。同時我們也了解沒有什麼比早晨的咖啡更放鬆的享受、沒有什麼比晚飯後的酌飲更暢快的交談、沒有什麼比並肩而行關心彼此的狀況更深的情誼、沒有什麼比分享及理解彼此心境更好的陪伴。所有的朝聖者就像一個大家庭，彼此相互扶持砥勵朝終點邁進。很喜歡跟著一群人朝同樣的方向前進，每個人都散發堅定的目光朝向目標，帶著就算再痛苦難受也要完成它的堅韌。

沒有計劃，不帶任何盤算，我們彼此在這樣的狀態下經歷一次又一次旅程中最美的相遇，傾聽彼此的人生故事，欣然期待地擁抱任何思想的交流和價值觀的碰撞，我們在蛻變成真正朝聖者的過程中，變得不太認識過去的自己，但卻做好了認識其他同路人的萬全準備。

慢漫想

為什麼上帝要賦予人類思考的能力呢？

對於大部份的人而言，這可能是一件痛苦的事。我們驕傲的認為思考創造了人類璀璨的文明，但之於浩瀚宇宙的亙古，人類倏忽即逝如蜉蝣的存在跟動物追求基本的生理本能根本沒什麼兩樣，但人類卻因為懂得思考一次又一次的讓自己深陷無法自拔的煩惱之中。

我總喜歡散步、釣魚甚至從事農事，那些低強度且緩慢的活動，身體上無暇分心去做其他事的同時卻空出了整個腦袋的空間可以進行思考。在這些時候的思考更能讓我確切地感受當下以及平常被自己忽略的思緒，而朝聖之路正是如此。

朝聖之路上，當你身在曠野之中，四周廣袤的景色、看似不可能走到終點的遙遠路程、失去過往規律分明的生活座標、身體專心致志地投入緩慢步行，這些條件都有利催化一個獨特的內省模式：思考。

漫漫長征與自己獨處的路上，思考成了我們唯一能做的事。從生活周遭瑣碎的事物開始，創造出一次次與自我相處的對話，接著做些摸不著邊際卻令我們怡然自得的白日夢，進而喚起並沉浸在久遠的回憶裡。在滿足胡思亂想的需求之後，我們總會要求自己去嚴肅地思索人生中各式的難題：那些一再被我們擱置並找盡藉口推遲的決定、那些沒有付出足夠努力與時間去實踐的計畫、那些在人際關係中極欲彌補的缺憾、那些深陷自我肯定與認同的疑慮，我們都期望從這些嚴正思考的過程中獲得解決的答案，然而事情往往不如我們所想的容易；到了最後我們經常會不由自主地掉入那名為哲學的神聖殿堂：一個深入思考探究與反省關於生命、意義與價值根本的問題領域。

我一直很喜歡「哲學」這個詞，現代對哲學的定義老是把它侷限在不切實際、對生活沒有幫助的空泛思想領域，但追其字源，在古希臘文中它是「愛好智慧」

的意思。對智慧的追求、對生命本質思考的過程就是哲學。

小到生活瑣事的選擇，大到對於意義的思辨，都是在思考。雖然有時候我仍會覺得思考這事很累，但我想真正擅於思考的人，應該不覺得自己在「特地做」思考這件事，而是對事物探索的熱忱與好奇自然而然生成了無時無刻都在思考的這個「狀態」吧。漸漸地他們會抱持著懷疑但開放的心態接納吸收任何事物，最後發展出一套自己獨特的信仰，不隨波逐流地堅守自己的價值，而這些思想的碰撞能夠激出更多意想不到、與其相異的火花。這些不都是大到人類這物種、小到個體之所以能持續進步的原因嗎？具思考能力不就是人之所以身為人的根本嗎？

思考的價值不在最終的答案，也非永恆的真理。就如同生命的意義便是在尋找生命意義的這個過程。

習慣一天行走結束後在日記本上記錄每天的心境、難忘的事，或是迸入腦中的新想法，雖然我總是對太多問題感到不解與好奇，日記裡紀錄重複最多的就是「問號」；不過對我來說寫日記是一個很好的內省模式，藉由書寫的過程，從飄渺亂竄的思緒中攫取靈感並任其逐漸浮現出具啟發的新意識。

寫著寫著……突然從專注的意識中回過神來，陽光從窗戶灑進房間的午後，感受夏季舒服的暖風輕拂臉龐，自己正坐在床緣寫著日記，依稀聽到門外的人們唱著歌伴著吉他，存在這個當下的我覺得生活好像沒辦法再更好了。

此時對我來說，
這是當下、是享受，更是永恆。

背影

在一次入住庇護所時，當前台的志工知道我來自台灣後，露出令我不解、含蓄且另懷意圖的淺淺笑容要我稍等，並優先招待後面比我晚到的朝聖者。隨後她帶著我穿梭在房間與一張張上下舖的床位間，領我走到一個靠窗舒適的角落。她指著角落的床位告訴我這是我今日安頓的地方，我瞥見下舖的床邊坐著一位皮膚黝黑、身材略瘦的年輕亞洲男生。她向我與對方介紹彼此。原來她貼心地將同是來自台灣的我們安排在一起。

我立刻切換到熟悉卻因為太久沒說，連自己聽起來都有點陌生的中文問候。就這樣，在雙方很久都沒有接觸台灣人、沒有機會講中文，相距上萬公里遠在地球另一端遇上同鄉人的激動之情使我們開心地大開話匣子。

翔是跟我年齡相仿的台北人，在準備國家考試的空檔想給這階段的自己一個不一樣的旅途與壯遊挑戰。他帶著典型台灣人溫儒敦厚的氣質，同時又流露出對任何事物充滿好奇的純真眼神。這是他第一次到這麼遠的國家、第一次到歐洲。對於他第一次就選擇如此的旅行方式我很是欽佩，也喚起我已經習慣一個人隻身在外早不知道遺忘到哪的思鄉之情。

「你知道謝哲青嗎？」翔突然向我問起。

「當然，我還買過他的書呢。」

「我就是看了他的書，最後才決定踏上這條路的。」

「真假！你說他走過這條路還為這段旅程出書？什麼時候的事啊？」我不可置信地問著。

「對阿，就在幾個月前！他走路到 León 換腳踏車騎到終點。」

「酷欸，但他是路途受傷嗎？怎麼有點偷懶的感覺。」我們相視笑著。

謝哲青、褚士瑩、藍白拖等，他們是一群我很喜歡的旅行作家。他們把自己的旅行經驗、人生歷練分享給想出走的年輕人們，用文字感動、啟發並影響許許多多迷惘和懷著夢想的人們。不只在當時年紀輕輕的我身上播了許多種子，更在我對於旅行與人生抉擇的迷惘道路上，告訴我，多聆聽自己的心。

謝哲青也走著這條路呢。像他這樣擁有滿滿人生閱歷與豐富旅行經驗的人，這條朝聖之路又告訴他什麼呢？我已經迫不及待地想翻閱他對朝聖之路下的註解了。

在與翔齊走的路上，他總是好奇我步上朝聖之路前的所見所聞，他很羨慕我能如此融入放浪旅行的生活，並有著階段性計畫。

「你在外這麼久了，看過許多美景，體會到不同的文化差異，你會想移居海外找一個更好的地方生活嗎？那會是哪一個國家、哪一個城市？」他好奇地問道。

「更好？那要看是指哪一方面的『更好』吧。我真的去的國家沒有很多，但我覺得一個國家很難用單一衡量標準去評斷它的好壞程度。每個國家在大家所知的好的另外一面必定存在許多難題，我覺得只有自己喜不喜愛與適不適合吧。不過我不會特別想移民欸，可能我還沒碰到一個讓我一見鍾情、『就決定是它了』的地方吧。」我給了他一個自己覺得很滿意的大大微笑。

出國之後我反而更能體會台灣那些過去自己所忽視或視為理所當然的好，雖然仍有許多不足還有進步的空間，但最後我還是會想要回到這片土地盡自己的一點點力，回饋這育我成長的家鄉。

其實我很討厭幾年前於年輕社群裡風行的「鬼島」一詞。那只是對於現況不滿憤世嫉俗的言語，也許只是單純玩笑性的自嘲，但最可怕的是這種玩笑話往往會渾然不覺地潛進意識裡滲透思想與影響行為。

我覺得台灣很好，如果硬要說一個台灣比較需要改善的地方，那我會說台灣人有時候缺乏自信吧。追求更好並不一定建立在全然的模仿上，而是需要自信地認同自身文化價值，進而發展出適性與特色。就算國外的月亮比較圓，也不見得比較美或是符合我們的審美觀。總是一味地推崇國外美好的一面，卻忘了看看自己擁有什麼，永遠也不會滿足的。人們總把注意力放在那些不盡如意的事情上並無限放大糾結，卻把大部份順遂美滿的事視為理所當然不去珍惜。

對部份人來說可能國外的美景、國外的氛圍與環境讓人羨慕，但對旅外的人來說，這就是當所有興奮與新鮮感消退後習以為慣的日常，這就是他們生活的一部份；而台灣那些日常瑣碎的小事，熟悉的環境，各種便利各種食物，還有最重要的朋友與家人，這些生活在台灣的人們再自然不過的「日常」對我們而言是多令人想念。

當你離開熟悉的環境，讓自己處在一個語言文化全然陌生的地方生活，其實需要很大的勇氣，很大很大的勇氣。生活背後，或者說美景生活照的背後，很多感受與孤寂並不是外人所能體會的。尤其當你是「一個人」，這些感覺都會更強烈地放大。

在某天午後我又碰見了翔，這一次我沒有追上前打招呼，而是靜靜地從遠方看著他。

一位來自台灣的東方面孔，他的身影獨自行走在杳無人煙的西班牙中世紀古老城區，熟悉的人物與裝扮佇立在這陌生的國度，細究這畫面帶給我的違和感，我看見的是那巨大、堅強又勇敢的背影。

時間淬鍊——自我迷失的找尋

「人們讚揚並認為成功的生活，只不過是生活中的一種。
為什麼我們非得誇大其中之一、而貶低其他的生活呢？」

梭羅

信仰

這條始於宗教意涵的朝聖之路，沿途除了代表使徒聖雅各像寶劍的紅十字與扇貝以外，處處可見基督宗教的象徵物。每到一個城鎮最醒目及最中心的建築往往都是禮拜堂或是教堂。這條路上的教堂完全比不上氣勢磅礡的聖彼得教堂、精巧細膩的聖母百花教堂、富麗堂皇的聖母院、嘆為觀止的聖家堂等其他世界知名大教堂，但是朝聖之路上的教堂排除了絡繹的觀光客，少了虛華的裝飾，用最樸實穩重的一面默默承受時間的沖刷、歷史的堆疊，承載著千百年來當地人們的信仰與依託，這才是我心中教堂最真實的模樣。

不過有時我在教堂外或坐在教堂內的座椅上，望向牆上一幅幅精緻璀璨的繪畫或一尊尊卓越華美的雕像時，我不禁思考，耶穌有想到當初的傳道信仰會對後世產生如此大的影響嗎？那些用金錢堆疊出的奢華宗教飾品及產物，真的是祂所期望的樣貌嗎？

幾乎每間庇護所都會張貼鄰近教堂的彌撒時間，甚至有些教堂為因應全世界絡繹而來的朝聖基督信徒而有額外的英文彌撒場次。參加彌撒，是我結束一天行走若環境允許下每天都會做的事情之一。

曾造訪一座裏頭有三座教堂、規模不小的城鎮，當天傍晚我依慣例照著庇護所留下的彌撒時間要前往教堂，到了教堂卻見大門深鎖什麼字條都沒留，連續跑了三間都是如此。我落寞奔走的模樣這正巧被一位西班牙朋友撞見，她告訴我今天是當地的某某節日，也許時間有變動或是沒有彌撒，接著問我：「你又不是基督教徒，為什麼你對參加彌撒這麼熱衷？」對啊，為什麼？

不知道從什麼時候開始，發覺自己用混亂的思緒生長在混亂的時代，無法真正處理好內心的躁動，總是期盼著是不是能藉由周遭的環境，由外而內盡可能讓自己的內心平和，就算只有一點點。而參加彌撒確實能暫時找回一點點心中的平靜。

教堂裡極度寧靜，不單只是石牆與層層木門阻隔自外而來的聲音，反倒更像此處的莊嚴吸納了所有不必要的聲響。在如此安寧且富含宗教意涵的神聖殿堂裡，神父用一個我完全聽不懂的西文誦讀講道，但也許就是因為聽不懂的語言才更能滿足我對中古歐洲宗教文明的浪漫想像吧，同時也更能放空自己。當他們唱起聖歌，這樣的旋律不知為何總是令我感到一股股暖流直直順過心頭。在這幾十分鐘的過程中，彷彿自己全然地與外界塵世隔離。這是一天裡唯一的機會，讓自己躍進一個沒有快樂、沒有憂慮、沒有悲傷、沒有思考，回歸內心最純粹平靜的虛無時空裡。

我也試著一直在找尋除了藝術以外，一個沒有你我、沒有種族、沒有階級、沒有語言、沒有歧見、沒有隔閡，所謂平等的大同世界。讓我意外的，我在這裡（宗教）看到了。先不論不同宗教之間的隔閡與同宗教內部的詮釋歧議等狀況，至少我在這裡看見不同國籍種族的人們，每一個人都是平等的，各自散發出卑微誠懇且堅定的目光向上帝奉上自己最虔誠的信仰，並交付內心最深層的依託。

我沒有任何宗教信仰，既不排斥也不特別熱衷。若硬要說我信仰的「上帝」，可能就是存在於宇宙萬物間的自然法則吧。

以一個無意冒犯的說法，所謂宗教，某種程度是把宇宙萬力具現化凝縮到類似人的形體上，進而產生聖典著作及相關教義規範。宗教的好處在於它透過這個具現化的形象，非常具體明確地闡述宇宙運作的原理，使人們相信並專心致志、心無雜念，更容易與這宇宙做連結。而根本來說「相信與意識」是人類最大的力量，但除了宗教的具體引導，是不被大部份無信仰的人所察覺的。

在這樣宇宙自然法則的信仰下，生命不過是各種冥冥註定的集合體。在過去、現在甚至在未來發生的每件事情就像宿命般早就寫好在宇宙的「運轉執行冊」中，大到幾十年後你會身在何處、小到你會在此時讀著這段文字也非偶然，甚至你覺得是自己自由意志下所做的每個決定亦是早被註定的事。每件事情都被命運安排好了，絕無例外，也絕對會這麼發生。就像命定論，所有事物都是由絕對的自然必然性而發生。

這也代表了每一個出現在自己生命中的人，都是對的人；出現在生命中的事，都是必然會遇上的事。這些在特定時間出現於我們生命裡的人與事都有其存在的原因和意義，也許是教我們成長，要我們學習。之所以我們時常會對這些完美安排的事物感到失望，只是它不盡符合我們當下的理解與期望罷了。

但是我們對這份早就安排好如何運作的「執行冊」內容渾然不知也無從知曉，所以每個決定還是如操之在己般充滿可能，這樣說起來，我們確實仍是擁有自由意志的人呀。

新世界

「如果可以的話，我更希望你可以在國籍欄位寫台灣。」入住庇護所時得交上護照給旅宿主，他們會在官方的冊子上做資料登記，而這是在整個過程中我最常說的一句話。不管身在台灣的我們各自政治立場為何，在外的旅人們都極力地以「來自台灣」介紹自己，只為了在國際上凸顯我們的獨特性。

「嘿！LIN，台灣跟中國彼此到底是什麼關係？哪裡不一樣？」向我追來的是剛剛在前台登記資料時聽到我向櫃台要求的波蘭女孩，基本上若是不夠熟識的西方朋友很少會主動問這個問題，這讓我很驚訝。

在我扼要地解釋完差別後她問我：「所以現在在國際上你們還是倍受打壓，存在對立的關係嗎？你們之間還會仇視彼此嗎？」

「雖然台灣與中國大陸之間目前存在很大的鴻溝與歧見，但這根本原因只是我們從小所受的教育不同而已，這只是歷史留下來的意識差異。我很喜歡中國大陸，我去那裡旅遊過幾次也有許多中國大陸的朋友，我們之間要嘛有默契地不談彼此的立場要嘛欣然地接受彼此的差異，我想我們的關係如果從『人與人的接觸點』來說是很友善的。」她頻頻點頭，我想波蘭戰後沉重的國家歷史讓身為波蘭人的她更能理解並同感吧。

我接著說：「但目前我個人還沒辦法完全認同共產政權啦，當自由、民主與人權都被剝奪後，似乎並不是有尊嚴的活著。而中國大陸在過去經過文化大革命後許多流傳千年的文化傳統被破壞殆盡，反倒真正傳承的是在台灣。就像傳統的民間習俗信仰，還有文字。」

於是我拿出日記本，在上頭寫下「愛」與「爱」，並告訴她：「這分別是繁體字與簡體字。繁體字的愛裡頭有一個『心』字，愛當然要用心啊。中華文字傳承演變了上千年，每一撇一豎都有它的意義，而這些正是我們一直堅持並引以為傲的文化精髓。」

「在我看來，你寫的文字就像古老的神祕圖騰一樣。」她笑著說。也許她看中文就像我看希伯來文阿拉伯文，是如天書般的符號吧。

「來，這個給妳，這是妳的名字。」我撕下日記本的一頁，用中文寫下她的名字，雖然只是音譯沒有任何意思，但她開心地大叫並手舞足蹈地四處向大家炫耀。

於是，那個晚上我日記紙一頁一頁地撕下……茱莉亞、亞歷山大、安德魯、婕妮絲……整個庇護所都在討論著中文，每個人都開心地捧著自己的中文名字，這幅場景是多麼有趣難忘呀！

我們在一個尷尬且迷惑的歷史政治背景中成長，因為這樣的因素我們不被國際熟識，甚至連我們自己都處在國家認同的強烈矛盾中，在過去幾十年來，兩岸的議題、意識形態的分歧讓我們台灣自己鬥得身心俱疲，但追根究底不過都是歷史所留下來的，我們到底要如何從這個難解的問題走出來彼此攜手邁向共同的未來呢？

一直以來總是信仰著自由、民主與人權無可取代的價值，同時也在內心深處對大同、沒有隔閡與歧見且穩定安全和樂融融的「烏托邦世界」有所嚮往。

但若是以《美麗新世界》(*Brave New World*) 一書的故事設定，在一個極端對比下：烏托邦代表著一定程度的階級與統治、抑制思想與學習，甚至是藝術與科學的停滯，以徹底制約的運作方式讓群體社會維持在一個極度穩定、和平、人人快樂的狀態；而反烏托邦則是更注重自由、個人思考、靈性創作、自我成長與追求、情感表溢等等，但相對地伴隨一定程度的混亂。

以現代的社會思潮來說，奮不顧身地投身民主與自由是件理所當然且必須付諸行動去捍衛的事，但若是認同「人的一生終其目標在自我滿足的幸福感」，了解到人類之於天地的渺小且將之為信奉的真理後，身在烏托邦的世界儘管不自由、不思考、不創作，何妨？

自由是安定的代價，恆定的社會秩序取代人對永恆事物的追尋，我想這也是種選擇吧？

無力的創作

靈感來的時候，音樂家用音符譜曲、畫家用顏料染畫、作家用文字敘述、舞蹈家用身體言語；那一般人呢？靈感來的時候有什麼介質能讓我們捉住這些恩賜？

比起聽迷幻樂或是群聚談話、派對跳舞，我更喜歡一個人靜靜地閉上眼睛沉浸在超我的世界享受異想天開的白日夢。看梵谷的畫，彷彿能完全理解作品裡的每一筆劃、每抹色彩的疊加，每一個小小的角落都有它的意涵，拼湊起相互作用，沒有任何一筆是多餘的，你會覺得自己就是那作者。聽起交響樂，能明顯分辨出不同樂器，每個上揚的旋律都讓你飛舞，隨著音律跳擺動，不斷旋轉飛躍，就像跳芭蕾一樣，而每一個音符都是你的舞伴，沉醉在其中就好像自己是指揮家般舞著自己創作的樂章。

同時變得很笨又很聰明，外在的感知能力及反應力變得極差無比，收到新的訊息很難真正進入大腦思考，對周遭的新事物好像沒有能力處理。聽朋友說起話，自己的暫存格只有六個字，對方再多說兩個字就會有兩個字消失，然後此時的記憶能力怎樣也使不好，就像進入一個封閉的系統；但是已經存在且內化的思緒，變得靈活又極富創造力，腦中千百個思想極速運轉，可以輕易思考「歸納」出那些平時想不透的事情。這時的思考能力更趨近於「演繹」，不斷有新的創造，而新的創造導出更多新的想法，新的想法再碰撞出新的創造……如此不斷循環。強大的思考能力會覺得平時的自己是多麼愚笨。

但這時最遺憾的是，不只記憶，就算我有紙跟筆我也沒有記錄下來的能力，沒辦法系統性地思考（除非這些思想已經在潛意識裡儲存運作過了）；這思考的狀態就像脫韁的野馬、展翅的囚鳥，胡亂無目但快樂地盡情奔放高飛。

無所適從

沿路上，時不時總會經過上頭刻有象徵聖雅各扇貝符號的石碑，它們總在相距幾公里處佇立著，各自標註此地到終點的距離。而在這些石碑之間充斥著指引方向的黃色箭頭，以雕刻、圖案或是噴漆的方式呈現。遙想千百年前古人可沒有衛星定位可以導航，尤其在這些寸草不生連 Google Maps 都唾棄的冷僻小徑，就算有科技幫忙也無法可施。當你迷失在錯綜複雜的城市裡，氣憤文明的巨獸擾亂前方的道路開始慌張時、當你前無生人後無來者，獨自走在看不見盡頭的荒野好一段時間手足無措時、或是碰到你這輩子從沒遇過的各種扭曲奇特分岔路而猶豫駐足時，這些路標總是適時出現在那些令人最迷惘的地方，如上帝降下曙光的指引令朝聖者們倍感安心。到後來我們已經練就了一身本領，當思考得出神、聊天得忘我，回到現實世界的第一個動作就是尋找扇貝圖像或黃色箭頭，當我們找到那個令人放心的圖騰確定沒有走上岔路後，我們又會肆無忌憚地繼續做白日夢、繼續暢談。

越過兩座山與幾座城市，踏上西班牙中部的大平原，我甚至不知道它到底是不是大平原，只是地勢不再有明顯的起伏，連幾日路途的風景千篇一律地單調，望向四周，除了無邊際的麥田外就是休耕的無邊際麥田，道路或筆直或曲折地延伸向遠方的地平線，讓我開始去懷疑那些路標存在意義只是誘導我讓我不去相信自己正走在沒有盡頭、無窮的飄渺虛無裡。

對看不見盡頭的遙遠路途感到無力、對周遭毫無區別的景色感到乏味、對持續侵蝕雙腿的疼痛感到疲憊、對每天一模一樣的生活感到無趣，沒完沒了的日復一日，最令我灰心喪氣的是此時腦袋幾近停止運轉的空乏思緒，這是這趟旅程以來第一次對於自己的堅持感到無所適從。一股強烈的厭倦襲捲而來，我想此時的我已經大概摸清楚何謂朝聖之路，如果我要再繼續走下去，除了過著重複的日子外一點意義也沒有，而且我本來就該讓自己的身體好好休息，而不是一而再的在未完全痊癒的狀態下勉強雙腳。

我可以更改機票時間，在剩下的路途搭車沿路遊覽城鎮，照樣能抵達聖地雅各城，這不妨也是完成朝聖之路的一種方式；而且我將省下將近半個月的時間，這足夠讓我在簽證到期前再安排其他國家的旅遊計劃，我越想越雀躍，同時也越來越心虛……

我挾著不安的心情閒散在河岸邊，每當我感到低落時總習慣到那些大自然的水源處，不管湖泊溪流還是大海。溪河能一點一滴地沖刷不安的情緒；湖泊以自身的沉靜淡泊撫慰心神；而大海用那廣渺的浪潮包容萬物，祂們總是有能夠使人平靜並寬容任何情緒的療癒力量。

朝聖之路，這不是我一直想做的嗎？徒步全程不也是自己當初的堅持嗎？難不成我想完成它的決心就這麼一點？躺在草皮上任由思緒飄緲盤旋。

我是不是都是如此，在我成長的道路上薄弱的意志一再摧毀自己的熱情與期許。在我人生的進程，那些相同的問題總是一次又一次出現在我生命裡，我根本沒有解決它，而是選擇逃避，找盡各種理由選擇舒適的方式阻礙自己去努力。

我到底在害怕什麼？又是什麼使我卻步？我不知道，我真的不知道，但此時我才理解當時在路途上麥可的心情，當我認真要做這個決定，我真的沒有勇氣，很多時候，放棄比堅持還要更難……

我決定暫時擱置這些念頭，也許在往後的路途中我能理解自己內在的矛盾，我帶著一絲希望懦弱地繼續前行，試圖尋找內心害怕的真正原因……

社會

很多人會好奇朝聖之路的花費，以庇護所（朝聖者的青年旅館）來說，一個晚上的床位與公共空間只需要五到十二歐元左右（若是要求私人空間的個人客房，大概會是二到三倍的價格），早晨可以在老城區街邊的咖啡館啜飲拿鐵、配上道地的西班牙馬鈴薯蛋；路途上我們習慣攜帶事前準備好的麵包、臘肉、藜麥水果等食物做午餐；到了晚上可以嚐到包括前菜、主餐、湯品與紅酒等豐盛且因地域不同而有不同風味、最私房的朝聖料理。整趟下來將食宿控制在一千歐元並不是難事。

曾經一直覺得四處旅行或是遠走他鄉是件很花錢的事，一直擱置著等自己有錢一點再去走走。但其實金錢往往不是阻攔我向前的障礙，只是我停滯不前的藉口，就跟時間一樣。有了決心與行動後，所謂的時間與金錢很多時候都不是問題了。

自己生長在一個既不富有也不愁吃穿衣食無缺的家庭，在一個普通的環境下成長。沒有貧苦而奮發力求翻身的勵志故事，更沒有富渥家庭對生活消費的潔癖。可能因為如此，「金錢」好像一直都走不進我的生命，雖然我也會去羨慕那些開名車住豪宅的有錢人，但對我來說金錢很多時候只是維持基本生活的安全感，不是追逐嚮往生活的唯一面向。以前總愛用金錢去衡量事物的標準、評斷它的高低，但當我開始旅行後才發覺，許多時候我所追求的感動和滿足往往都無法用金錢兌換。

而若從「關係」的角度去探究金錢，金錢的交易更是沒辦法建立起穩固的連結，甚至會破壞人際關係。假設今天為某種特定原因感謝或慶祝，你準備了再大筆金額給對方，就算金錢在許多時候的確更實際，但遠比不上送禮或其他與金錢無關的行動中的這個過程和其代表的意義。如果我不求回報為你做某件事，我們之間就建立起了一段特別的關係；取而代之的，如果只是純粹的金錢交流，那我們之間誰也互不虧欠，人際關係中那段重要的羈絆也從未產生過連結。人際社群的形成是透過無償的贈予建立起來的，社會的組織運作則是透過大大小小的付出與接受才發展出複雜且完善穩固的體系。當人們越是建立商業的交易行為，人與人的關係就變得越來越薄弱，甚至崩解，那這個社會的結構也會漸漸失去溫度……

以前在流浪的空檔回到家時，總覺得自己被強迫穿上文明的外衣，脫去那令人感到自在舒適的衣著，重新學習如何繫好皮帶噴上香水，搭衣服配顏色；收起自由無羈的隨性，隨時隨地拘謹地學習並注意都市文明人該有的形象，容不下一絲不得體在爭奇鬥豔的街頭。這樣的外衣枷鎖就像萬聖變裝般稀奇不自然，但穿久了自己好像就活在這樣的面具下，成為了那個我所扮演的角色了。

過去總喜歡在面具下批判這個社會、指謫這個體制，抱持著心中美麗的理想認為這個世界不該是如此運作。但是社會，根本來說是人類各個群落有組織的系統，是人與人之間發展出的各種互相依附、互相維繫的複雜關係，簡單來說，所謂「社會」不過就是人的集合體，社會的發展與運作自然就有其所謂大眾主流化。大眾與主流是大部份人都能接受的思想意識或生活型態，對許多人來說這樣的社會是他們賴以維生的信仰，同時對很多人來說那只不過是停留在「不滿意但能接受」

的程度，而非人人嚮往與自己最真實的意志所契合。我們受饋於社會的好處，同時又厭煩著它的缺陷。總是批評社會不了解自己，自己信奉的真理不被誇耀贊同，但我們也忘了在社會發展意識的演變下，那是一個人與人之間、人與群體之間，包容個體多樣性所衍伸出彼此最安全舒適的相處模式。

但不可否認，我們總是徘徊在社會期許的價值觀和自己的信仰之間做掙扎。在認識這世界、透過學習累積經驗、一步一步感受生命厚度的過程中，越來越擺脫不了社會期許自己所扮演的角色，而漸漸忘了自己原本心中所嚮往的那片樂土。儘管知道哪條是最好最適合自己的道路，但我們總是走上他人期望並為你鋪好的康莊大道。

「很多人三十歲就死了，八十歲才埋葬。」——本間久雄

時常為了工作而忘了自己，比迷茫更可怕的是心靈上的死亡，對生命本質失去興致地活著。

總覺得許多人不滿意自己一成不變的生活且為此活得不快樂，也許可以試著去做那些令我們猶豫不敢實踐的事。雖然穩定、安全且服從不斷地勾引著我們追求安逸的本性，舒適的枷鎖摧毀我們曾經引以為傲的勇氣，讓人不敢主動改變；這樣的生活確實能給人帶來平靜，但這樣的平靜總時不時受到內心深層不甘的躁動所擾。而安全舒適的未來也正是一點一滴削弱人心中追逐挑戰、嘗試新事物冒險靈魂的罪魁禍首，若想為生命刻下雋永的足跡、豐沛靈魂的價值，只有拾回原本的勇氣與熱忱，跳出安逸的生活制約、放棄追求安全但一成不變的習慣，擁抱那些令人猶豫駐足的未知，坦然面對自己的恐懼，並專心致志地追求來自內心的聲音，或許就能見識到生命賦予的意義和祂無可置信的美。

時常不自覺地用金錢去衡量物品的價值，總是拿數字做比較事情的標準，更是經常以特定單一的標籤去平面地認識一個人。如此輕易下評斷，然後呢……

曾在一本書上看過一句後來常放心裡、很深刻的話：「我們這一代對成功的定義，未必是打敗多少人，而是可以幫助多少人。」社會對於成功的定義隨著世代的觀念改變而有所不同，在這什麼都不缺卻也什麼都沒有的時代，人們漸漸開始著重於對自我價值的追求、對社會的回饋、對環境責任的承諾等。幫助與奉獻給我們更大的滿足與自我肯定，就算只有一點點，我們能為這個世界做些什麼，讓它更不一樣呢？

瓦爾登湖

大部份的朝聖客總習慣在天未亮的黎明前動身出發，在黑暗中摸索前方的道路。除了路上的繁星指引令我們讚嘆以外，拂曉的天際也是我們一直等待的時刻。有時是磅礴千變的絢麗彩霞，有時是沒有任何點綴最純淨的天空。初抹的晨曦會把天際渲得朦朧，甦醒迷濛大地的輪廓，柔潤而深邃、幽祕而深沉。這是每天破曉時屏氣凝神的感動。

在一個摸黑前行等待黎明的夜裡，額上的頭燈是唯一晃動的狹窄光源，剛起床如糨糊般呆滯的大腦加上夜裡冷冽渾身顫抖的低溫，此時的狀態更像是個無意識的行者。經過一個小村鎮後，後方照來一個同樣晃動的光源，如果說我頭燈的亮度是手電筒，那我猜他一定是扛著白色的舞台燈在走。刺眼又搖晃的燈源照著近半個路面，偏偏我與這巨亮燈源有著既不想亂了自己步調也擺脫不了對方的一致速度，老實說這在一個需要寧靜放空的清晨是有點惱人的事。不巧地，接下來三天我和這位未知的旅行者都在破曉前的黑暗不期相遇，上演相同的戲碼。

在這條路上與許多朋友的熟識最開始不過是打聲招呼，但有時在之後的路途會頻頻遇見對方，到最後又在哪個岔路上碰面時我們會露出「又是你」的莞爾神情，為我們之間的緣分感到開心並自然欣喜地如遇故友般與對方熟識，但其實雙方可能對彼此完全不了解。不過我倒是很喜歡這種感覺，命運用一種很赤裸的方式把人們放在一起，這樣的不遮掩讓我們更能意識到彼此的緣分，進而用最自然真誠的心去珍視對方。

我跟尼克洛的相遇就是如此，同時他也成為我接下來的旅程上很要好的朋友之一。

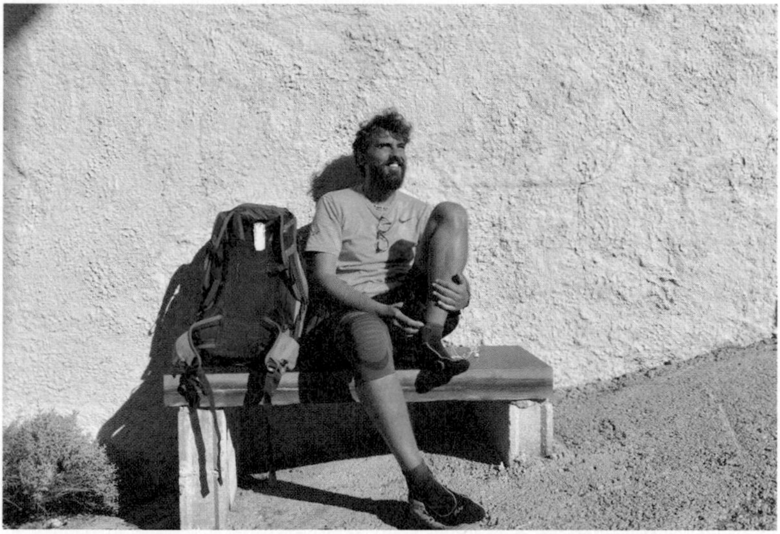

經過幾天黑暗中的「同行」，在一天下午我與尼克洛共同入住一間靜僻的庇護所，當我們真正遇見彼此互相攀談，馬上開了話匣子聊起來。曾到美國留學、講了一口流利英文、跟我有著同樣歲數的義大利人，這是他兩年來第三次踏上朝聖之路，而這一次是分段完成路途的最後一段。遇見他倒真像找回失散多年的兄弟一樣，我們無話不談。

「你看過阿拉斯加之死（Into the Wild）嗎？」我也不知道為什麼會突然脫口問出，我就直覺如果我很喜歡他一定也看過。

「幸福必須仰賴與他人分享才能真實存在(happiness only real when shared)。當然！這部電影也算是影響我踏上這條路其中的原因之一。」他露出驚訝神情開心地說著，但我更驚訝他竟然像說通關密語般第一句就說出這部電影最引人的箴言。

這是一部改編自真實故事的電影。講述擁著理想主義和超驗主義的故事主角，在名校畢業後放棄前途似錦的未來，獨自走向自然曠野，從遠離俗世的野外生活中尋找自我的流浪傳奇。

「老實說它也影響滿多我近幾年來的價值觀。艾歷克斯（故事的主角）的反社會人格，對於簡樸生活的傾心，對於虛偽現實世界的厭惡，對於靈性純粹的追求並專心致志地投入大自然的懷抱，讓我好嚮往。很希望有天我也能有機會像他這樣真正的漂泊流浪。而且也因為這部電影讓我開始接觸到梭羅，並喜歡他的思哲。對了，你知道嗎這幾天我才在想，我有考慮出家。」我像找到知己般激動地說著。

「出家?你說佛教剃頭那個出家!?」他驚訝疑惑地問。

「對阿，但不一定侷限在哪種宗教啦。我只是覺得現代的社會不斷地追求更好更有效率甚至發展出制式化的流程，進而衍生出了太多不必要的慾望，這些慾望根本不是我們生活所必須的。直到我發覺我不快樂時才理解到我想要的比需要的還要多很多，甚至在無止盡的物質追求與競爭下會帶給我更深層不滿足的痛苦。就像這朝聖之路的背包，我們只攜帶那些極少的生活必需品，雖然犧牲了一點點的便利性與舒適，但我們不只活得好好的甚至因為認知到這樣的取捨，讓我們更能把心力放在其他事物上，而不是陷入比較與追逐的黑洞。在這樣的狀態下我們反倒為內在的富足而感到快樂。」

我接著說：「而且我們時常是為了滿足他人的價值觀而活，而不是自己。我只是期望自己能回到根本，除了衣食無缺的生存基本需求以外，就是追求心靈上的滿足，而一直以來我算是很注重內在靈性成長的人。也不是說真的要出家啦，甚至不拘束在『宗教』，我想非宗教最好的例子就是在瓦爾登湖畔生活的梭羅吧，他獨自隱身在大自然之中，卻跟世俗有著若即若離的關係。不過宗教倒是有著很強的外在約束力和完善的教條讓人可以專心致志在內在靈性的修行。」

他沉默地陷入思考……

「我同意你說的，我也很嚮往這種不為世俗所擾的淡泊。但是對於社會上的不公不義，或自己有任何能讓這社會更好的可能時，我希望自己也能貢獻一點點的心力為這個社會付出，讓這個世界更好。」

除了追求個人成就的巔峰與自我滿足外，於外奉獻、分享與回饋，也是不一樣的自我圓滿，出世與入世一直以來都是令我感到矛盾的事情，但我想我們所追求的最終狀態應該就像佛教所說「以出世之心，做入世之事」吧。

自己

我們獨自一人來到這世上最後終將孑然離開。就算至親摯友的家人伴侶，多重要的存在多深的羈絆，某種程度上彼此終究只是對方生命中的過客。沒有誰能夠全然為誰而活，我們只能對自己的生命負起責任。

在朝聖之路上，大部份的人行走時都只肯與自己為伴，就算是結伴而行也不過是某些路段或短短幾日的時光，或是流連於各個不同人之間的對話，並不會自始至終與誰同行。就算在途中碰上許多原先就認識、一起出發的雙雙對對，但他們彼此也保持著「需要想要時可以互相照應，但大部份時間仍獨自行走」的微妙距離。只有中途的休憩點或抵達城鎮才會是我們一群人聚在一起談天論地的時刻，對於一直以來都很善於獨處並樂在其中的我來說，這是一件再自然不過且令人感到舒服自在的事。

不知道自己是什麼時候養成了喜歡一個人做任何事情的習慣，不管是吃飯、散步、看電影、旅行等。正確地說，許多事都更偏好一個人做。如果說很多人是極力避免獨處的時刻，那我可能就是極力爭取吧。我不知道自己承受外在孤獨的極限，有時會很想試試在荒蕪人煙的深山裡，在沒有談話沒有任何的人際關係與社交的環境下，好奇到底能夠一個人不倚賴社會不受情感連結生活多久。不過某方面來說這麼喜歡孤獨，某種程度上是不是表明了我有多害怕把真實的自己在他人面前展現出來？

在這條路上我們甚至有種默契：如果你真的想從這條路上學到什麼感知到什麼，那你必須獨自上路。孤獨是所有進程的基本條件與必要歷程。唯有體認到孤獨帶給你的漂泊與匱乏，才能在徹底寧靜及反覆自省的狀態下與自己做一個深度對話，才有可能從這無數次的談話中依稀看見自己真實的輪廓。

孤獨是我們每個人都需要學習與之相處的一種狀態，當我能夠自在的獨處後，比較能從精神的自由中找到真實的自我。從外在的世界回歸到自己的世界，從成群閑散的隊伍中離開，逕自投身自然的擁抱；從熱鬧喧騰的聚會中抽身，獨自沉浸在自我的思考。唯有在這種閑靜、充實的狀態下才能釋放自我並給予自身自由，與之交流。

但我們真正留給自己的時間其實很少很少，工作時，腦中充斥著計劃會議時程與決策；和親愛之人相處時，我們把時間交給對方；與朋友聚會時，我們把時間交給大家；即使閱讀或觀影，我們也不過是把時間交給了書本和影像；而那些零碎閒暇的空檔，我們總習慣把時間交給音樂或廣播，一天下來最後能獨處的時間，我們又習慣地開啟手機電腦，把時間交給網路。

我們的五官時時刻刻被充斥占用著，它們以各種炫麗的形式剝奪我們的感官，且不斷地加重刺激力道，甚至有時我們已經習慣到會害怕脫離這樣的生活模式，為寂靜無聊、徹底孤獨、感到空虛而逃避。這都讓我們沒有自己真正的時間，無法感受到當下，無法停下腳步看看自己、認識自己原本的樣貌。

人終其一生不過都是在探索自我並與之相處，而人生的進程只是這個追逐自我的過程。向外的追逐最終都是向內的找尋，回歸自我。

而我，總覺得「自己」是個好難好難的課題，我拚命地探索追逐，全然自私地奉獻了所有的時間與精力。我常覺得在搞清楚自己以前無暇應付他人，卻也因為如此總是一次次的給人傷害。總是覺得跟心中的理想有所差距、總是覺得很難抓到「變動的自己」下的平衡點、總是躁進地盲目追求，在精通與未知的界線徘徊，在放逐與投身的邊緣掙扎惶恐。每當我以為更靠近「自己」一點時，越是發覺我離他越遠……

這就好像旅途，四處漂泊的流浪著，這一路上總有許多自己想停下腳步放下心神的美景。但總是流連駐足了片刻便又決然離開。

哪裡才是我的歸屬。

繁星匯集——刻下生命的雋永

「如果我真的對雲說話，你千萬不要見怪。」

梭羅

身在其中

「也許朝聖之路美妙的地方就是我們擁有許多的時間，這些時間我們並不會想用限時動態、即時新聞甚至對話框等等資訊塞滿它，無所事事的時候就讓它無所事事，用一百分的真實去感受周遭的一切。」在一個百般無聊兩人併坐發呆的下午尼克洛漫不經心地說著。

「我們失去與外界的連結，卻與身邊的人事物建立起真實的連結。」我不自覺地脫口而出。

「對啊！你不覺得人們可以在這些方方形形的電子裝置上，目不轉睛地盯著它連續幾個小時日復一日，這真是個奇妙的科技產物嗎？」

現代人總是花太多太多的時間在電子設備上，而花太少的時間與身邊的人相處、與自己相處。

曾經我著了魔般沉浸在網路世界無法自拔，無理地強迫自己不能錯過朋友們發的每則動態、追蹤頁面的每篇文章，也不斷發表個人的生活瑣事，為了宣告自己的存在，想要受矚目、得到關注，只為了不失去這由虛擬世界築起與社會唯一的連結。與其說被科技綁架的成癮，不如說被虛擬網路所「奴役」來得更為貼切。

久而，我發覺襲我而來的是一次比一次更無力的空虛感。我接受到的都是過份零碎的資訊，在社群媒體上看見許多有趣新鮮的事物甚至關心朋友們的生活點滴，不可否認或多或少有開拓見識、激發新想法，但我一整天到底投入了多少時間與精力在這些破碎化且不具有系統邏輯性的資訊上呢？到底對我有多少實質上的幫助？當我自以為抓住了時事脈動、現下的潮流，到頭來才明白這些不過都只是瞬息萬變的表象。

在朝聖之路上，我們感受邁開步伐持續向前行走的當下，自己彷彿置身於這絕對的永恆之中，全然脫離平常那些稍縱即逝卻令人不斷期盼的「最新動態與即時新聞」。路走得遠、走得久之後，甚至會對自己曾經對瞬息的資訊如此興致勃勃感到匪夷所思。

以前資訊的不流通讓人們不容易更進一步做有效的交流；如今資訊的過度爆炸卻讓人沒有時間沉澱接收到的訊息，只剩拚命的認同接收到的所有資訊，根本就失去思考能力！

而我們也總習慣躲在科技螢幕背後跟人對話，這樣子我們不用面對情緒最直接的反應，避免掉尷尬難堪不擅應付的對話。網路的連結也讓我輕易地找到屬於自己的同溫層，倍受保護的同時我也正不斷失去體驗跟學習處理這些自己不擅長的情緒的機會。而這些同溫層待久了，漸漸無法接受彼此不同的差異性、加深與人之間的隔閡？更加深了非友即敵的對立？

同時我們竭盡所能地透過社群平台用華麗虛浮的包裝塑造出一個「我希望他人如何看我」的角色，好像唯有透過這樣的濾鏡才能博取大家對我的「讚」同。開始懷疑自己到底是為了這個現實世界真實存在的人而活，還是為了社群平台上自己所創造努力維護的角色而活，哪一個才是真實的我？或者說，已經模糊到分不清這之間的界線了。

開始理解到所謂社群平台是個極度絢爛的泡沫。看著網路紅人們繽紛多彩絢麗奪目的表象生活，我們卻把這些虛幻當成追逐的目標並於此陶醉。我們究竟在乎的是真實的體驗，還是照片中美好的「想像」？而這些美好以及不斷散發的正能量又有幾分是真實的？我們生活在一個重視「虛迷表象」遠大於「真實內容」的世界中。

有多久沒有到一個地方去體驗環境，而不是到一個地方去拍照了？

我很喜歡電影《白日夢冒險王》（*The Secret Life of Walter Mitty*）裡的一段劇情，當故事主角華特與知名雜誌社的御用攝影師尚恩，抱著相機潛伏在荒野裡歷經千辛萬苦終於盼到他們久候多時的感動畫面時，他們卻逕自地享受這當下。反倒是華特突然問起「什麼時候要按下快門捕捉這畫面？」，而尚恩給了一個耐人尋味的答覆：「有時候我不會，如果我很喜歡某個瞬間，我不希望讓拍照使自己分心，我只想沉浸享受在這一刻。」

我們總是在每個特別的當下下意識拿起手機拍照攝影。在那個特別的瞬間在意

的是這個濾鏡與排版合不合適、文字註解夠不夠入勝、有多少人會瀏覽按讚等等，而不是真正去體會當下那個「特別」。我們總是只顧著按快門，卻忘了用心去感受「現在」的美好。

在上路沒多久對於時間的認知就改變了，大部份的時間裡感知到最快的速度就是自己的步伐。任何事情的進程都是緩慢的，不再受「什麼時間該做什麼」的框架所拘束。衡量時間的標準不再是分分秒秒：下班公車幾點幾分來、幾點有會議、這個小時要幹嘛等，好像沒有把每一刻鐘都形式上地塞滿就像浪費時間般虛度。在這裡，時間的劃分就是早中晚，走路、吃飯、洗澡、洗衣服，或是寫字、聊天、喝酒、發呆，每天的日常看似無聊單調卻異常的踏實。並不是特別在意時間的流逝且感到浪費，而是在每一個當下自己更真實地緊觸身邊的事物，更清楚地感受到自己與周遭人事物之間的關係與情緒。

在這世界某個沒有網路的角落裡，我與尼克洛並坐在草地上，感受陽光與微風，靜靜地等待日落時分。一點都不特別的場景，但此時我卻深刻地感受到自己真實的身在這一刻。活著只是為了存在這個當下，只為了身在其中。

在時間流裡找到歸屬的真實。

這樣的真實沒有人知道，也不需要藉由分享去證明。

朝聖之路

「旅程的第一週你跟朋友一起走，第二週你跟疼痛一起走，第三週你跟自己一起走，最後一週上述的全部都跟你一起走。」這是朝聖之路中流傳的一段話。

剛踏上旅途的前期，在不確定的心情中對於一切充滿新奇感。對第一次長程徒步感到新奇、認識志同道合的朋友感到有趣、完全不同的生活模式感到新鮮。此時的每個人都充滿激情，每個人都很好奇對方來此的動力或緣由，一起分享故事並對所有人都熱情親切。

到了中期，新鮮感與雀躍消退後是那百般難熬的厭倦期。對所有的一切感到厭倦，不論環境、疼痛甚至朋友。偏偏在這段時期腦子很不好使，在最渴望有什麼靈光乍現的時候卻是一片空白，讓人開始懷疑此行的目的和意義。

而走到了現在，我想這正是最甜蜜的時期。沉澱了那令人亢奮的短暫新鮮感，也從單調乏味的步調中找到屬於這條路的不凡之處，漸漸地與徒步旅行的各種狀況共生，並開始享受之前不曾察覺的每個當下。

如果說前半期是告訴自己要達成目標不能放棄抵達終點，那後半期就是自己以一個最舒適的狀態與它共存享受著。之前可能會想著「我今天還有 20 公里要走，加油！」，如今卻會不捨地感到「我今天只剩 20 公里可以走了」。雖然來自雙腳的疼痛還是很不好受，但我從不曾想過走路是件這麼愉快的事，我比自己想像的還更愛走路！

離終點大概剩不到三分之一了，某種程度來說我卻希望這條路沒有盡頭，能一直一直走下去……一點也不想結束，在這途中我探究了許多自己從來沒有機會好好想過卻令我十分感興趣的問題與新想法。

前往聖地雅各城的路上，一開始我們會以為我們是要征服這條路，但邋遢、疲倦、艱苦的狀態足足證明我們不過是朝聖之路上苦役的一份子。它強勢的力量，只讓你做那些它要你做的事並感受要你感受的，沒有任何爭論商量的餘地；它會先讓你承受肉體上的病痛，因為這些病痛使人無暇去顧及其他表象的事物，進而拾回那些在現代文明生活漸漸失去對周遭人事物的感知能力；接著用單調與乏味淬鍊我們的意志；最後再用時間磨礪你的能耐。要成為一位真正的朝聖者，我們都無可否認「時間」在這其中扮演重要的角色。這些諸加在身上的考驗，就像一層層去剝開你的外衣，讓我們赤裸地直視原本的自己，那些脆弱、不安和沒自信此時都毫無保留地顯露，而要如何接受與轉化這樣的自己是路途上很重要的課題。深刻的體會到自己上路的決心是多麼瘋狂，同時又多麼必要。

當雙腳的疼痛與路程的枯躁將我從對朝聖之路美好的幻想打醒後，它以最真實的姿態在我面前，我才忽然深切地明白到，所謂朝聖之路，只是再平凡無奇不過的一條路。有蜿蜒林間的山徑、有漫步田野的小道、有趨車而行的馬路、有穿越城市的街巷，而這些不過都可以是一條普通的路所具備的。不要想像著走完朝聖之路人生就能夠大大的改變，就算你有諸多的問題、諸多的煩惱，可惜的是這條朝聖之路任何答案都不會給你。朝聖之路的意義是開啟那條讓你通往內在心靈道路的門，而在這樣的一條路上你能走得多遠、探究多少真實的自己，完全取決於我們如何接納這之中帶來的啟發。

所謂朝聖之路之於我，就像是求道之路。拚命地想在路途中找尋自己心中的那份真理。我有成千上萬個疑惑想找到答案，還有那些我害怕逃避仍未解決的問題，嘗試面對自己的恐懼、承認自己的懦弱，並找到與之共存的方式。這一路上我就這樣想了又想，時不時與夥伴討論，接著又繼續一想再想。有時我明確地知道自己要的是什麼，義無反顧地朝前邁進，有時卻又隨波的迷茫。我不知道到終點時我的心境會是如何，也許是踏實？也許是空虛？也許是失落？也許是更迷惘？

alud

選擇

根據官方的說明，若想拿到拉丁文的贖罪券——星野證書，最短必須行走的距離是一百公里，而離終點一百公里遠的剛好就是薩里亞城(Sarria)。許多人選擇從這裡出發，大概花四到五天就可以完成朝聖之路並拿到證書，而這也代表從這之後的路程迎接我們的會是比之前多上數倍的人潮。

老實說我對什麼證書完全提不起勁，不過是一張會被我丟在角落狠狠遺忘的紙張。我的朝聖之路不是想向他人炫耀什麼徒步壯舉而踏上的，我的朝聖之旅不是靠著這張證書到處證明我完成它。旅途的艱辛與其中的感悟，豈是一張紙所能承載的，最大意義充其量就是個紀念品吧，對我來說。

當我們用一頭的亂髮、髒污的衣著、消瘦的臉頰、沾滿爛泥土塵的靴子加上一跛一跛的蹣跚步伐來說明這七百公里的艱辛跋涉，抵達薩里亞城，卻看到衣衫整潔的朝聖新手們活蹦亂跳地流連於紀念用品店時，我們只能冷冷地懷著矛盾的情緒看待這一切。我們理解許多人因為個人因素、身體關係或工作假期的安排，沒辦法花一個月以上的時間去做長程的徒步行走，我們也能理解受這條路感召並付諸行動上路的都屬不容易，但只有五天的旅程，根本還處在高亢的興奮狀態就完成路途，根本沒能體會雙腳帶給你絕望般的疼痛、沒能體會時間沉澱後的枯躁、沒能體會真正的孤獨，那只算是散步，在我們眼裡這根本不算真正的朝聖者。

孤傲地走在荒蕪曠野的日子跟著宣告結束。人滿為患的道路上，這一路伴你成長的朋友們被一張又一張的新面孔所稀散掉，也因為人潮讓餐酒館、紀念用品店與旅店相繼林立在路上。這是種孤寂感。路是同一條路，但此時卻格外地陌生。

「演員！」這是在漫漫旅途當中極少聽到的職業。「酷～如果可以我一直很想當個演員耶，一齣戲一個角色要到位的演出一定要很入戲。你的人格是角色設定，你的生長背景是故事劇情，入戲之後好像活在另一個完全不同的人生裡頭。然後不斷不斷地流連於不同的人生，這感覺一定很痛快。是這樣嗎？」

潔西卡是在一個早晨的咖啡店碰上的美國人，就算擁有朝聖者的標準邋遢消瘦與疲態，也難掩她本身貌美端麗的臉龐。她是好萊塢的影星，對於工作上的疲倦想藉由這次的旅程讓自己放空，沉澱心情重新出發。她卻始終不願透露她曾演過的電影，這更是讓人感到好奇。

「不過我身邊有許多朋友因為入戲太深而嚴重影響日常生活。」她眼中閃過一絲落寞淡淡地說，「演員背後需要投入大量的時間與精力去做練習，很多時候要在極短的時間學會一項技能，同時要面對許多圈內的規則與極大的競爭壓力。大家只看見螢光幕前光鮮亮麗的外表，卻不見得理解背後的辛酸故事。」

就像她說的，我們總是拼命的去羨慕其他人的生活，但我們卻誤把他人生活中最光鮮、最流於表象的一小部份當作是他們人生的全部。

一位我很喜歡的作家謎卡 (Mika Lin) 說過：「其實，永遠不需要去羨慕別人，你看到他們今日的收穫，看不到他們徹夜難眠的眼淚；你看見他們的成就，看不見他們為了目標曾放棄過什麼。」

那些在各自領域有所成就的朋友們，也總在酒後三巡訴說著旁人不理解的難處與困頓。而在我身邊有些朋友會羨慕我總是到處旅遊、流浪於世界，但許多人可能不明白我在這當中付出的犧牲與代價；相同的，我也會羨慕朋友們穩順安實的生活，但我也不盡理解這背後的掙扎與矛盾。說穿了，其實這只是個人的選擇罷了，端看這份選擇中的成就能滿足多少自我期許，同時能平衡地接受其帶來犧牲的程度。一份追求的背後是多少的犧牲，就看自己如何取捨與調適。就像生命時常需要好好學習的課題之一就是「平衡」，生活平衡、心態平衡，任何事物的追求也都是平衡，唯有達到屬於自己的平衡，才不會輕易地迷失自我。

當你仰頭羨慕別人擁有什麼的同時，一樣的也會有人正羨慕著你，自己所擁有的正是別人所羨慕的。我們所擁有的，通常遠多於自己意識到的，那些我們認為稀鬆平常的理所當然，可能正是他人所汲汲追求。若不去察覺自己擁有什麼，我們永遠都不會滿足，還想要得到更多、更多。

試著每天把生活當中值得感恩的小事情記錄下來，為此感到知足吧！

與自己的約定

「當我們年輕時對這世界滿懷理想與希望時，『夢想』第一次以它所有的力量在我們心中綻放。那時的我們勇氣十足充滿抱負。我們很努力地去學習各種實踐的方法與準備，但時間的進程、社會加諸在我們身上的責任與環境給我們的期許使我們不再有勇氣。於是我們把矛頭轉向自己，在內心交戰。我們成為自己的敵人。我們逕自說服自己是夢想太幼稚太困難不能實現，是我們對生命不夠了解所做的白日夢。其實只是我們不敢去對它，於是我們自己親手埋葬殺死了夢想。」

—保羅・科爾賀（Paulo Coelho）

作家謎卡把夢想做一個很好的詮釋：「說實現夢想太矯情，不如說一步一步完成與自己的約定。」

大概在國高中的時候，每逛上書局翻到環遊世界背包壯遊之類的書，都激起我內心莫名的熱情，暗自對自己許下承諾，我有天也要當一個帥氣的背包客環遊世界。這是顆一直埋在心中的種子，並始終把這事當人生一大夢想。第一次真切感受到旅行的悸動也是求學時期，跟著家人到中國紹興旅遊，此地正是會稽山陰的蘭亭。我眼見著王羲之流水曲觴的場景及蘭亭題字，在在都印證著曾經課本所學，當下的激動我永遠記得，所謂萬里路萬卷書的成就感時常讓我雞皮疙瘩。儘管現在回頭看，背包客環遊世界的門檻其實不高、實際付諸的努力與堅持比不上許多遠大的宏圖計畫，不過對當時的那個我可是好生嚮往與充滿挑戰呢！

比起功成名就後的奢華旅遊，心中更嚮往那種年輕時什麼都沒有，只有一顆心、為盤纏擔憂、憑雙腳踏天下更緊觸這個世界的彈性與熱情。如今我確確實實地達成了當初與自己的承諾，背著超大的後背包看似酷酷地靠自己的雙腳雙眼感受世界，某種程度來說我算是環遊了世界，完成了夢想（永遠完成不了）。這過程就是一步步達成對自己的承諾與目標，從和家人的旅遊開始，自己一個人的輕旅行，到環島，再到國外生活，這一切都是循序的進程。

實現夢想是滿足且踏實的，但這之中還有更多的難題與挑戰在過程中衍伸，夢想之後還有夢想，還有許多許多想做的事，還有對自己更深的期許。不過我很滿意也很感謝，我是一個很幸運的人，在我身邊發生的人事物似乎都默默地推著我，我覺得這整個世界都在全力地支持我，不留餘力的依著我，就這樣讓我兌現那個年輕時為自己許下的承諾。

但反過講，何謂幸運？

意識決定客觀存在。世界的樣貌端看你用什麼角度去詮釋它，而自己的心理狀態正反映著看世界的角度，如果你篤信這世界是好的，那這世界就會使盡全力地給你祂的全部，像是吸引力法則。對我來說幸運某種程度就是用正面的心態看待那些他人覺得不幸的事，對走進我生命的一切感到滿足，並樂觀地保持且深信不疑吧！

旅行對於現代人來說，不再是一個遙不可及的名詞。不在乎目的、不拘泥形式，人們總是深受旅行著迷。忙碌生活的放鬆享受、挑戰自我的壯舉成就、歷史古蹟的尋訪探索、與人交流的文化碰撞、窺探世界的學習成長、熱愛自然的山海體驗、沉澱靈魂的自我放逐……旅行中的我們用一個很實際的方式體驗重生，我們走出自己習以為常的生活，走入他人慣以為生的日常；理解彼此的差異和豁然不同的可能性，豐沛生命的彈性與厚度。藉由旅行你會知道世界有多麼豐富，這世界不衝突地存在很多不同的人、不同的想法、不同的生活方式，我們認知且以為唯一的生活型態只不過是其中的其中一種而已。會理解到自己原來的世界是多麼得狹小、自己是多麼無知並真切感受到「世界有多大，自己就有多渺小」，這給人繼續往前的動力與探索的熱情，而很多時候旅行的點滴都會成為我們終生難忘的深刻時光。

嚮往深度探索的旅人們總會問自己在某段旅程中是「旅遊」還是「生活」。想起曾經閱讀某些文字後的啟發，旅行時我們會更重視周遭的人事物，因為生存所需我們必須依賴他們，必須在全然陌生的環境中快速地了解別於自己認知的文化與差異，此時我們離開原本生活的惰性與舒適，用較沒有包袱的心態更容易與人

們產生連結，會以更大的欣喜接受小小的恩惠，更加感恩充實地體會活著的這個當下。

不過我自己也經歷了一段對於旅行迷惘與認知的追尋：在滿足對旅行最初的渴望後，我隨即進入低迷的撞牆期，那時的我貪婪地想看遍世界各個角落，同時卻覺得很疲累，不是身體上的勞累，而是內心最深處的疲憊。明明到了好多自己想去的地方，心裡卻覺得百般空虛，而我又持續逼迫自己不斷地移動、繼續往下個景點邁進。我想，在那趟旅程中我遇到的最大問題就是旅行本身吧，我開始懷疑旅行這件事。拚命地放逐自己，追求我以為我想要的生活方式，但於最根本，我好像不清楚旅行之於我到底是什麼樣的存在。

探究其中，我發現我的旅行只是「想旅行」，並沒有一個核心的意義貫徹其中。看遍了無數的美景，感官因此疲憊麻木；結交了全世界的朋友，對於背包客彼此的短暫消逝感到厭倦，猛然發覺我只是在經歷身體上的移動，不斷地想去完成他人口中「必去的景點」，但對我來說這之間已經沒有多少元素能豐沛自己的靈魂了。意義通常是人所賦予的，若我不賦予旅行新的生命，那它之於我不過是個肉體上的運動而已。

於是我迷茫地問遍身邊的每個旅人：為什麼旅行？

「在旅途中感到自由。」

「體驗不同的文化氛圍，認識世界各地的人，更進一步地讓想法情感交流。」

「探索偌大的世界，感受自己的無知與渺小並不斷地學習。」

「感受旅行的每一個當下並誠摯地感恩。」

「藉由自己的能力，把所見所聞分享給無法旅行的人。」等。

雖然這些答案不是特別令我感到意外，但每一個都是很簡單很純粹的回答，一個個都讓我重新去思考，重新去感受旅行。我才明白我走著走的，竟然忘了當初為何要出發。

後來漸漸地對於旅行這件事不再像過往全然盲目地追求，理解到旅行之於我是怎樣的存在、找到自己的旅行方式。

那你呢，為什麼旅行？對你來說旅行的意義是什麼呢？

聖地雅各

當路邊的石碑標示剩下五公里時，我不可置信地想著我到底是如何走過這八百公里路程的，於開始這些石碑上標註的公里數對我來說只不過是遙不可及、跟我一點關係也沒有的數字，聖地雅各城也不過是隱身在想像裡單純的名詞。但隨著腳步前進，依稀感覺到它是真實的存在，沒想到我的步伐一步一步領著我從虛幻的意念到真實的感官接觸，如今我即將要抵達我朝思暮想的終點了。

天微亮的一早，我帶著雀躍卻不知道用什麼心情面對的忐忑步伐踏進聖地雅各城，這些日子來心馳神往的終點。規劃完善的朝聖路徑一路領著我走到古城區教堂前的廣場，這是一個四周被古建築及教堂包覆的四方形廣場，更是來自四面八方的朝聖客匯流聚集的終點。聖地雅各教堂的壯麗、城市的迷人，是付出了汗水與淚水翻越山脈徒步走了上百公里的我們才能深深受其感動的，這樣的美與感動唯有在朝聖者眼中才能真實的映現，它對於我們的意義與價值絕不是買了車票搭了飛機的旅客心中的「觀光景點」所能比擬的。

海明威曾說「我為我喜歡的事物大費周章，所以我才能如此快樂。」

我坐在廣場上望著教堂，看著廣場上來來去去的人，人們欣喜地擁抱彼此、感動地哭泣、為這一刻拍照記錄著。我以為抵達終點時自己的情緒會是百般激動甚至感動落淚，取而代之的是出乎意料的平靜。可能是一下子接受到太重的訊息而反應不過來，八百公里的長征在這一瞬間結束了，心中百感交集，錯綜複雜的思緒如迅雷在腦中亂竄著根本無暇處理。我開心我做到了、我感動達成自己的目標與夢想、我失落旅程的結束、我慌張得無所適從、我感恩這一路上碰到的人事物、我也著急地需要時間沉澱這漫漫長路給我的啟示。

此時我發覺這是我心中最具意義的教堂和廣場，朝聖者們不論從何時何地出發、不管踏上哪一條路，最後都匯集於此。上千年來不斷承載著來自世界各地朝聖者們的信仰，人們一路所承受的苦難所經歷的心境轉折或昇華，在這裡做一個釋放與沉澱。是階段旅程的結束，同時也是未知新生的開始。我不禁為這一幕的神聖性紅了眼眶。

走過了八百里的路途，那邋遢消瘦的外表也掩蓋不了朝聖者們飽滿、幾經洗鍊的深邃眼神。儘管朝聖之路是趟需要獨自上路的遠征，但是若少了旅途中與人的交流、靈魂的碰撞，那這樣的路途也稱不算完整。而一段旅程往往不是路途或景點的迷人讓你印象深刻，而是與你一起分享當下的人們。旁人無法體會我們一路相互扶持的情誼，我們的快樂、痛苦與迷惘毫無保留地展現在彼此面前，就像是我們一起經歷、參與了彼此的整個人生一樣。在中後路段上頻頻相遇的朋友們都與自己有著差不多的行走速度，所以當我抵達終點，也代表這些朋友比我早一點或晚一點點抵達，在差不多的時間一起慶祝抵達的喜悅，還有彼此的離別。

在台灣，人生不同階段朋友的離別，雙方都知道還住在同片土地上，想再見面就能再見面地不特別放心上。當離開了台灣，所遇見的每個朋友更能讓我真正面對何謂離別，會明確知道跟對方這一別可能一輩子再也見不到面，畢竟還得經過時間和距離的考驗，結果會是如何誰也沒辦法定奪。來來往往的背包客們交到太多的朋友，同時意味著得面對太多的離別。而在這裡，經過朝聖之路的淬鍊，沿途不斷經歷分分合合的朝聖者們似乎對相聚和離別格外的豁達自然。我們珍視彼此的每個互動與連結，當要分開時也並不是特別感到惋惜失落，反而很坦然地接受本該要面對的離別，同時也不斷期許自己能持續不留餘力地用心珍惜身邊每一段人際關係。

某種程度來說，真正的離別不見得是在那個當下。就是因為我們留下了彼此的聯絡方式，心裡某一部份會說服自己：「要的話，我們可以隨時連絡，這份連結不會斷！」但其實真正的離別似乎是在「形式上的離別」後，生活模式的不同使人漸行漸遠，儘管還留有聯絡方式但彼此已經是不同世界的人了，這樣子的離別在大部分時候其實我們都很難意識到。

現在想想，曾遇過一些非常投緣的朋友，我們有默契地沒有留下任何聯絡方式，我們的感情只浪漫的在彼此的回憶裡持續發酵著。是呀，為什麼每個人都認為關係應該要永遠保持呢？

當結束彼此相聚的連結時，我有時會讓人覺得不帶感情的消失無蹤。但不管之後還會不會保持聯絡，我想這也不一定是友誼評斷的標準。相處之中大大小小的事，不管生活習慣、對人生的態度及想法等，甚至微不足道的小舉動都可能讓我默默地看在眼記在心。曾經走進我生命中的每個朋友都造就了今天的我，是我完整生命不可或缺的堆疊，都會一直留在我生命的足跡裡，成為一輩子影響我、成就我的人。就算不聯絡，哪天想起你們也是會讓我會心一笑；就算不聯絡，哪天想起你們也會讓我提醒著自己：沒有你們沒有我。

朝聖之路如此，人生亦是如此。

耄耋對話

「嘿！你從哪裡來？」

我正為迎面而來陌生的面孔略感突兀地回說：「台灣。」

在要離開聖地雅各的那天早上，我遠離人群一個人坐在位於冷僻半坡但可以俯瞰城市一隅的戶外咖啡店。主動向我攀談的是位頭髮斑白的老人，只因為他說我長得很像他以前的一位學生。知道我來自台灣後，他第一個問題竟然問我：「你對台灣目前的環境及未來發展有什麼看法？」就在我簡扼表達見解後，忽然開始跟我聊起中國在世界上的連動關係、跟我聊起南北韓與美國關係、跟我聊起整個亞太的時事趨勢。

貝瑞是個完成朝聖之路三次的澳洲人，貌似年歲近百的他臉上刻滿歲月留下的風霜，但眼神依舊深邃明亮閃爍。他曾是澳洲駐亞太各國的外交官，鮮少有西方人對於亞太時勢如此明瞭，加上他的家鄉是我曾經短暫生活過的城市，讓我們之間自然地有許多話題，也特別感到親近熱絡。

「結束了這趟旅程有什麼感想嗎？」貝瑞老爹不經意地問道。

「我現在還沒辦法具體說出什麼耶，我想我需要時間好好沉澱、整理這個月來所感受學習到的一切。」

「那你覺得從這段旅程中學到最重要的事情是什麼？」

「嗯……學習如何與自己相處、更了解自己、並試著尋找真實的自我。不只這條朝聖之路，這也是人終其一生的學習與追逐，對我來說。」我毫不猶豫篤定地說。

他露出淺淺的微笑答道：「其實經過我們剛剛的談話還有你的眼神，你有這個回答我一點也不意外，但你要明白你永遠也尋找不到自己，那個內在真實的自己，就算你再怎麼努力。」說到這時他給了我一個很長的停頓，這一兩秒的停頓彷彿世界停止般令人窒息。「除非聆聽你心靈最深處的聲音。」

我突然鬆了口氣，雖然是個很八股很摸不著邊際的答案，不過在經歷朝聖長途的洗禮後聽到確實也挺值得讓人思考的。漸漸地從對談中發覺到貝瑞老爹是個非常睿智的人，我也似乎慢慢地「真正」變成他的學生，謙誠地渴望汲取耄耋智者身上歷經歲月洗鍊的生命感悟與智慧。

「我一直拚命地尋找答案，生命的各種答案、意義的起源等。在開始我只是單純地好奇問題背後的原因，但當我越是探究一件事物的根本，在這過程中卻又衍伸出數以萬計的問題，最開始的問題都還沒解決又出現了更多的問題困擾焦躁著我。」想把這一路的困頓都拋出去，我不安地問道。

「你要知道尋找答案有趣的地方就是在這個過程，汲汲營營所拚命追求的到頭來你會發現那可能是原本的自己。並不是每個問題都能有即時的解答，很多時候是需要時間的催熟，你會在一次次的千絲萬緒中頓悟到許久以前問題的答案，所以急迫地尋找並不是那麼重要。而且很多時候別急著回答問題尋找答案，可以先重新審視『問題』本身，你也許會有不一樣的豁然。」我似懂非懂地假裝理解點頭聽他說道。

「每當自己感覺在這不斷反思與拉扯的歷程中拼出了一點點可能是自己真實的樣貌時，回頭卻會發覺在這過程之中丟失了更多的自己。越是接近自己，越是看不清自己的輪廓。找回自己的速度遠比不上丟失的速度，總是把自己投入更深的迷惘之中。」我再一次赤裸地拋出我自己。

「要理解人是不完美的，世界也不完美。唯有在這樣的認知下你才能更了解自己；接受那個真實的自己，不論他是什麼模樣。享受你的優勢，也擁抱所有將成為力量的未知。

永遠抱持著勇氣不斷地挑戰自己，遇到新的事物不要害怕去改變自己的心態。相信你自己、追隨自己的夢想，將它們付諸於實踐，並且享受你人生中的起起落落。」從老爹口中說出的每一句一字都像生命的養份般醍醐灌頂震撼著我。

「你讀過保羅·柯爾賀(Paulo Coelho)的書嗎?」老爹不經意地問道，「這位巴西的知名作家曾經也走過朝聖之路並為它下過一份註解：我們總是想改變別人的信仰，要他們相信我們自己對世界的看法。我們天真地以為只要和我們同樣

想法的人越多，我們所相信的事情就越可能是真理。但事實並非如此。生活教導我們的遠比朝聖之路來得更多，只是我們對生活所教導的一切不怎麼放心上。」

最後他對我說道：「在你眼睛裡看到迷惘也看到目標、還有一點自信。希望你能一直保持這樣的自信繼續往前。而且更重要的是你要記得這一路走來這條路所教你的事，要記得你蛻變成真正朝聖者的這個心態轉折的過程。」

是阿，當我結束這段旅程重拾原本的生活後，這些「朝聖效應」會不會被環境的大熔爐給漸漸稀釋逝去呢？

我要的並不是可以誇口的壯遊成就，而是自我內心的感悟昇華。這段時間給我的衝擊、對於內在的反思，這些學習與體悟是不是只是曇花一現的表面呢？我不禁害怕地想著。

貝瑞老爹的出現，就像是這條朝聖之路具體地化身成一位智者，旅途結束之時在我眼前給我提點，為我整理心態該屬的方向。雖然朝聖之路結束了，它卻為我在未來的人生道路上放置了更多更長遠的思考議題。

後記

寫作，是個很好的機會重新閱讀自己。

在二十六歲時完成了大部分的內容，直到二十八歲才整理成冊，拖了這麼久只是希望把我注入靈魂的深刻思考能以更完善更代表我自己的經驗表達而出，但是發覺其中有許多內容一直有新的想法與體悟持續竄進我的腦海中永遠沒有界線，有些事我仍堅信著，而有些事我的立場不再相同或是有更深層、不同角度的見解。最後決定就將當年思考的紀錄作為根本及界線，不再添入這條學無止盡的領悟道路上的新想法。知道自己文字能力、思考所及尚不成熟，但這就代表二十六歲以前的自己。如果我能活到七十歲，那也許我的人生也會有三部曲吧！

朝聖之路從 2017 年開始廣受大家所知，台灣每年前往的人數都有爆炸性的成長。在台灣心生嚮往但尚未出發的人們，就算查找了再多相關的資訊、接收了再多前輩們的經驗，永遠都會是模糊且陌生的。朝聖之路真正的迷人之處在於它會客製化打造專屬於你的體驗，每個朝聖者都是在創造一個只屬於自己獨一無二的精采故事，只管抱持著開放的心接受它。

朝聖之路，就像貝瑞老爹提到保羅柯爾賀所說：「生活教導我們的遠比朝聖之路來得更多。」我認為朝聖之路就是將生活具現化濃縮成短短的30天讓你心無旁騖地去感受你原本忽略生活教導你的一切。大部分的人踏上朝聖之路都有自己的原因，不管是迷惘、困頓還是難題，無意識的上路人也會在途中更加認識自己的迷惘。也有人說朝聖之路不過是「迷失靈魂們的集體健行」：迷惘的自己不斷地在這條路上與迷惘的人們相遇。儘管如此我們不同的成長背景在許多事情上都能成為彼此的導師，或者在路途中一起成長。

其他世界知名徒步路線一直都在規劃中尚未實際啟程無法做比較，但朝聖之路一定不像PCT（太平洋屋脊步道 Pacific Crest Trail）長達半年生活在荒野中回應野性的呼喚、不像EBC（聖母峰基地營登山路線 Everest Base Camp）繞轉在高海拔的山岳間聆聽天地的感動與渺茫，但若要我為朝聖之路舉出它可能的不同處，也許就是它讓人們在出發前便抱持著這種「宗教性的想像」吧。

就算你不信任何宗教、儘管你對它懵然無知，但是外在的環境條件與這種「宗教性的想像」會化為一道道強而有力的驅動迫使你思考、內省並且感受它要告訴你的事：每個人不盡相同該面對的人生課題，而這條路的信仰神聖性更是會強化這一切並且讓你與之產生極深的羈絆。

當初與朝聖夥伴們在溪畔認為絕對不可能再走一次，如今完成 800 公里後再問起彼此這個問題時，我們總是面面相覷卻毫不猶豫地將下一趟朝聖之旅排在未來的計劃中，再來多少的 800 公里似乎都不成問題。當你真正的踏上朝聖之路時，你會發現這條路給你的比你想像的還多。

「一個圓是 360 度，同時也是 0 度。」

在旅途中遇見的一句話。我左思右想，能賦予它的意思實在太多了。

在這段不斷掙扎與迷惘不斷丟失自我的路上，我發覺，心裡浮現的第一個地方，也許就是該去的地方；汲汲營營所追求的，也許，就是自己本來所擁有的。

那你呢，此時的心境是如何詮釋這段話呢？

什麼時候也一起上路？

那條屬於你自己並存在內心深處的「朝聖之路」。

Painting : Charlotte Chin

讓我仍信自己的真理，願我對這世界持續好奇。

800 公里的漫漫思辨：追尋自我．朝聖手札

800 公里的漫漫思辨 : 追尋自我.朝聖手札 / 林翰
著. -- 初版. -- 臺北市 : 林翰, 2021.01
面 ;　公分
ISBN 978-957-43-8390-0(平裝)

1.徒步旅行 2.西班牙

746.19　　109020041

作　　者　林翰
發行出版　林翰
校　　對　謝幕
排　　版　缺然
封面設計　陳思諭
插圖設計　Yaboo 桑、Charlotte Chin、Absinthe Yeh
經銷代理　白象文化事業有限公司
412 台中市大里區科技路 1 號 8 樓之 2（台中軟體園區）
出版專線：(04) 2496-5995
傳　　真：(04) 2496-9901
401 台中市東區和平街 228 巷 44 號（經銷部）
購書專線：(04) 2220-8589
傳　　真：(04) 2220-8505
印　　刷　基盛印刷工場
初版一刷　2021 年 2 月
定　　價　新台幣 280 元
I S B N　978-957-43-8390-0